여섯째 날, 하느님께서는 당신의 모습대로 진흙을 빚으신 뒤
코에 입김을 불어넣으시니 그 형상은 사람이 되어 숨을 쉬었다.
하느님께서는 그에게 '아담진흙' 이라는 이름을 주셨다.

흰물결 창세기

오정희와 읽는
성경

ⓒ2007 흰물결

오정희와 읽는 성경 흰물결창세기

글쓴이 오정희
펴낸곳 도서출판 흰물결
펴낸이 박수아
그 림 김용선

초판 1쇄 발행일 2007년 11월 25일

주 소 137-885 서울 서초구 서초동 1720-8 흰물결빌딩 507호
등 록 1994. 4.14. 제3-544호
대표전화 02-535-7004 팩스 02-596-5675
이메일 mail@cadigest.co.kr
홈페이지 www.catholicdigest.co.kr

값 15,000원

ISBN 978-89-92961-00-4
ISBN 978-89-953338-9-1 (세트)

흰물결 창세기

오정희와 읽는

성경

흰물결창세기

오정희와 읽는 성경

서문

　문학청년 시절, 미당 서정주 선생님으로부터, "문학을 하려면 반드
시 성경을 읽어야 한다. 성경을 모르면 서양의 문학과 서양인들의 정
신세계를 알 수 없다."는 말씀을 들은 적이 있습니다. 특히 "구약은
무한한 상상력의 보고이며 방대하고 장엄한 문학작품이다."라고 하
시면서 필독을 강권하셨던 기억이 납니다.

　가톨릭다이제스트 측으로부터 '성경이야기' 연재제의를 받았을
때, 성경에 대한 지식이 일천한 제가 어떻게 할 수 있겠는가 하고 망
설이면서도 성경을 본격적으로 접할 수 있는 계기가 주어진 것에 감
사한 마음이 들었습니다. 저처럼 성경에 대한 지식은 별반 없지만
언젠가는 제대로 읽어보겠다는 마음만은 갖고 있는 사람들과 함께
읽고 묵상하는 시간을 가져보고 싶었습니다.
　어릴 때 잠깐 다녔던 주일학교에서 들었던 성경이야기는, 뱀의 꼬
임에 빠져 선악과를 따먹고 울면서 에덴동산을 쫓겨나는 아담과 하
와의 모습, 죄악으로 인해 멸망하는 소돔과 고모라, 모세의 인도로

이집트로부터 탈출하는 이스라엘 사람들 앞에서 갈라지는 바닷물 등 강렬한 인상의 삽화로 남아 있습니다. 그와 함께 제게는, 하느님은 노여워하시는 분, 벌 내리시는 분으로 무섭게 각인되어 있었던 듯합니다.

이 글들을 쓰기 위해 성경의 부분 부분들을 여러 차례 되풀이 읽고 묵상하면서 저는 비로소 이 장대한 서사시가 우리에게 일깨워주는 것은 하느님의, 당신께서 창조하신 이 세상과 인간에 대한 무한한 사랑이라는 것을 느끼게 되었습니다.

'창세기'는 옛유다인들의, 하느님을 향한 믿음과 열정으로 충만한 세계입니다. 하느님께서 어떻게 이 세상을 지으셨고 그 지음을 받은 사람들이 어떻게 하느님을 사랑하고 배반하고 섬기었는지를, 하느님께서 그들의 소망과 갈망에 어떻게 응답하셨는지를 참으로 뜨겁게, 아름답게 기록한 역사인 동시에 태초로부터 지금까지, 또한 영원으로 이어지는 '우리들의 이야기'인 것입니다.

오정희

한 처음에 하느님께서

옛날 아주 먼 옛날 하느님께서 지으신 처음 세상에는 어둠이
땅과 깊은 물을 뒤덮고 있을 뿐 아무런 생명체도 없었다.

첫째 날, 하느님께서 '빛이 생겨라.' 하시자 빛이 생겨났다. 하느님께서는 빛과 어둠을 나누어 빛을 낮이라, 어둠을 밤이라 부르셨다.

둘째 날, 하느님께서는 물을 위아래로 나누어 그 가운데 창공을 만드시고 하늘이라 부르셨다.

셋째 날, 모든 물을 한곳으로 모으시고 드러난 바닥을 땅이라, 물이 모인 곳은 바다라 부르셨다. 땅에서는 온갖 곡식을 맺는 풀과 채소와 과일나무가 돋아나게 하셨다.

넷째 날, 하느님께서는 두 빛을 만들어 창공에 걸어놓아 땅을 환히 비추게 하시고 그중 큰빛은 낮을, 보다 작은 빛은 밤을 주관하게 하시며 또한 별들도 만드시니 보시기에 참으로 좋으셨다.

다섯째 날, 하느님께서는 바다에 사는 온갖 물고기들과 하늘을 나는 온갖 종류의 새들을 지어내시고 새끼를 많이 낳아 번성하도록 축복하셨다. 하늘과 바다에 이어 산과 들에서 살아갈 짐승들도 지으셨다.

여섯째 날, 하느님께서는 당신의 모습대로 진흙을 빚으신 뒤 코에 입김을 불어넣으시니 그 형상은 사람이 되어 숨을 쉬었다. 하느님께서는 그에게 '아담진흙'이라는 이름을 주셨다.

하느님께서는 동쪽의 에덴이라는 곳에 아름다운 동산을 마련하시고 그 사람을 데려가 살게 하셨다. 에덴 동산에는 온갖 맛있고 보기좋은 과일을 맺는 나무들이 가득했는데 그 한가운데 생명나무와 선과 악을 알게 하는 나무가 있었다. 하느님께서 그에게 말씀하셨다.

"이 동산의 나무 열매는 무엇이든지 마음대로 따먹어라. 그러나 선과 악을 알게 하는 나무 열매만은 따먹지 말아라. 그것을 따먹는 날 너는 반드시 죽게 될 것이다."

아담은 하느님이 지으신 모든 동물들에게 각각 이름을 붙여주었다. 부족함이 없는 에덴 동산이었지만 아담은 기쁨과 즐거움을 함께 나눌 짝이 없음을 쓸쓸해하였다.

하느님께서는 그에게 배필을 주기로 하시고 아담을 깊이 잠들게 하신 다음 그의 갈빗대를 하나 뽑아 그것으로 여자를 만드셨다. 잠에서 깨어난 아담은 "내 뼈 중의 뼈요, 살 중의 살이로다. 남자에게서 나왔으니 여자라 부르리라." 하며 기뻐하였다.

그들은 몸에 아무것도 걸치지 않았으나 부끄려워하지 않았
다. 하느님께서는 그들에게 자식을 낳고 번성하여 온 땅에 퍼
지고, 땅위의 채소와 곡식과 열매를 양식으로 삼으며 당신이
지으신 모든 것들을 다스리라고 축복하셨다.

이리하여 하늘과 땅과 그 가운데 있는 모든 것이 다 이루어
지고 어둠과 혼돈뿐이던 세상은 비로소 흠없이 완벽하고 아름
다워졌다.

일곱째 날,
하느님께서는 모든 일에서 손을 떼고,

쉬셨다.

행복하고 평화로운 나날이 계속되었다. 하느님이 만드신 들짐승들 중의 하나인 뱀이 어느 날 여자에게 다가왔다.

"하느님이 너희더러 이 동산에 있는 나무 열매는 하나도 따먹지 말라고 하셨다지?"

"아니다. 하느님께서는 '이곳에서 열리는 모든 열매는 무엇이든 따먹되 단지 동산 한가운데 있는 나무 열매만은 따먹지도, 만지지도 마라.'고 하셨다. 그것을 따먹으면 죽게 될 것이다."

"그렇지 않다. 그 열매를 따먹으면 너희의 눈이 밝아져서 하느님처럼 지혜로워질 것을 아시고 그렇게 말씀하신 것이다."

뱀의 꾀임에, 여자가 그 열매를 따서 먹고 아담에게도 따주어 먹게 하였다. 그 열매를 먹고 눈이 밝아진 두 사람은 자신들의 알몸이 부끄러워졌다. 무화과나무 잎을 엮어 허리 아래에 둘렀다.

날이 저물 무렵 동산에서 거니시는 하느님의 기척을 알아채고 그들은 나무 사이에 숨었다. 하느님께서 부르시자 아담은 두려움에 떨며 대답했다.

"제가 알몸이어서 하느님 앞에 나아갈 수가 없습니다."

"네가 알몸임을 누가 일러주더냐. 따먹지 말라고 이른 나무 열매를 네가 따먹었구나."

"저는 잘못이 없습니다. 당신께서 제게 짝지워주신 여자가 따주었기에 먹었을 뿐입니다."

하느님께서 여자에게 물으셨다.

"너는 어찌하여 이런 일을 저질렀느냐?"

"뱀이 저를 꾀어서 제가 따먹었습니다."

여자가 대답하였다.

하느님께서 뱀과 여자에게 각각 말씀하셨다.

"네가 이런 일을 저질렀으니 저주를 받아 죽기까지 배로 기어다니며 흙을 먹어야 하리라."

"내가 네게 잉태하는 고통을 크게 줄 것이니 고생하지 않고는 아이를 낳을 수 없으며 한평생 남편에게 복종하여야 할 것이다."

그리고 아담을 향하여 말씀하셨다.

"너는 죽도록 고생해야 먹고 살리라. 너는 흙에서 난 몸이니 흙으로 돌아가기까지 이마에 땀을 흘리는 고된 노동으로 낟알을 얻어먹으리라."

하느님께서는 불순종의 죄를 범한 그들이 다시금 생명나무 열매에까지 손을 대어 영원히 살게 되는 일이 있어서는 안되겠다고 생각하셨다. 가죽옷을 지어 입히신 다음 에덴 동산에서 내보내셨다. 그리고는 에덴동산 동쪽에 커룹천사들을 세우시고 불길이 타오르는 칼을 장치하여 생명나무에 이르는 길목을 지키게 하셨다.

에덴 동산에서 쫓겨난 그들은 땅을 갈아 농사를 지으며 살아갔다. 아담은 아내에게 인류의 어머니라는 뜻으로 '하와' 라 이름 지어 주었다.

"네 아우

아벨이 어디 있느냐?"

에덴으로부터 멀리 떠나와, 농사를 지으며 살아가던 아담과 하와는 자식을 갖게 되었다. 첫 아기 카인을 낳은 하와는 기뻐 외쳤다.

"하느님께서 나에게 아들을 주셨구나."

하와는 이어 또 사내아기를 낳았고 '아벨'이라 이름지었다. 그들은 무럭무럭 자라났다. 형인 카인은 밭을 가는 농부가 되었고 그의 아우 아벨은 양을 치는 목자가 되었다.

두 형제는 각기 자신들의 첫 생산물을 하느님께 바치기로 하였다. 카인은 자신이 농사지어 수확한 곡식을 예물로 바쳤고 아벨은 자기의 양떼 가운데서 처음 낳은 새끼양의 기름을 바쳤다. 하느님께서는, 자기가 가진 것 중 가장 좋은 것을 드린 아벨의 예물은 기쁘게 받으셨으나 카인의 예물은 기뻐하지 않으셨다.

카인은 몹시 화가 나 얼굴색이 변하여 고개를 푹 떨어뜨렸다. 하느님께서 카인에게 말씀하셨다.

"너는 왜 그렇게 화가 났느냐? 왜 고개를 숙이고 있느냐? 네 마음에 거리낌이 없다면 왜 얼굴을 쳐들고 나를 바로 보지 못하느냐? 만약 네가 잘못된 마음을 가졌다면, 너는 죄에 사로잡히는 바 될 터이니 그것을 잘 다스리고 물리쳐야 할 것이다."

하느님께서는 카인의 마음이 분노와 시기심으로 말미암아 남을 해칠 음모, 즉 죄의 유혹에 흔들리고 있음을 아셨다. 그래서 그 나쁜 마음을 이기도록 경고하시고 또 어떻게 물리쳐야 하는지도 알려주셨다. 그러나 카인은 하느님의 말씀을 듣지 않았다. 아벨을 꾀어 들판으로 데리고 나가 돌로 쳐죽였다.

제 아무리 남 모르게 행해진 범죄라 할지라도 모든 것을 보고 듣고 심판하시는 하느님의 눈에서 벗어날 수는 없었다. 아우를 죽이고 태연하게 돌아온 카인에게 하느님께서 물으셨다.

"네 아우 아벨이 어디 있느냐?"

"제가 아우를 지키는 사람입니까?"

카인은 뻔뻔스런 거짓말로 딱 잡아떼었다.

"네가 어찌 이런 일을 저질렀느냐. 네 아우의 피가 나를 향해 울부짖고 있다. 땅이 입을 벌려 네가 죽인 네 아우의 피를 받았다. 너는 저주를 받은 몸이니 이 땅에서 떠나야 한다. 네가 아무리 애써 땅을 갈아도 이 땅은 더 이상 네게 먹거리를 주지 않을 것이며 너는 세상을 떠돌아다니는 신세가 될 것이다."

하느님께서는 카인이 저지른 일을 꾸짖으시며 깊이 슬퍼하셨다. 당신의 형상대로 인간을 창조하시어 그토록 축복하고 사랑하셨건만 그들은 공동체를 이루자마자 형제를 시기하고 증오하며 살인까지 하는 죄악을 저질렀던 것이다.

"벌이 너무 무거워서, 저로서는 견디지 못하겠습니다. 오늘 이 땅에서 저를 아주 쫓아내시니, 저는 이제 하느님을 뵙지 못하고 세상을 떠돌아다니게 되었습니다. 저를 만나는 사람마다 저를 죽이려고 할 것입니다."

형제를 죽인 카인에게 하느님은 살인자가 받아야 마땅한 죽음 대신 훨씬 가벼운 벌을 내리셨지만 카인은 두려움에 떨며 하소연하였다. 카인은 이제 자신이 저지른 크나큰 죄로 말미암아 다시는 하느님을 뵙지 못하게 되었음을 알았다. 하느님의 보호하심이 없으면 자신은 죽임을 당할 수밖에 없음을 비로소 깨달았던 것이다.

"아무도 너를 해치지 못하게 해주겠다. 카인을 죽이는 사람에게는 내가 일곱 갑절로 벌을 내리리라."

하느님의 심판을 받아들인 카인은
하느님 앞에서 물러나와
에덴의 동쪽 '놋'이라는 곳에서
살아가게 되었다.

하느님께서는 누구든 카인을 죽이지 못하도록, '하느님께서 생명을 보호해주시는 사람'임을 뜻하는 표를 찍어주셨다.

카인이 받은 표는 범죄자로서의 낙인이 아니라 하느님의 자비와 용서의 표시인 것이다. 이것은 아무리 큰 죄인이라 할지라도 그의 생명과 삶이 하느님께 속해 있으며 결코 하느님으로부터 버림받지 않음을 보여주는 것이다.

하느님께서는 인류 최초의 살인자를 보호해주심으로써 되풀이되는 피의 복수를 근본적으로 막으셨다. 어떠한 경우에도 인간이 같은 인간을 죽일 권리를 갖지 못하게 하신 것이다.

하느님의 심판을 받아들인 카인은 하느님 앞에서 물러나와 에덴의 동쪽 '놋'이라는 곳에서 살아가게 되었다. '에덴의 동쪽'은 최초의 인간 아담과 하와가 쫓겨난 곳이기도 하다.

그러나 이는 지리적 위치를 가리키는 것이 아니라 하느님으로부터 멀어진 '바깥'의 삶을 말하는 것이다. 이처럼 '놋'이라는 단어 또한 특정 지명이 아닌, 안식과 평화가 없고 한없는 고독과 소외로 가득찬 비참한 삶을 뜻한다고 보아야 할 것이다.

카인이 떠난 뒤 아담과 하와는 다시금 아들을 낳았다.

"하느님께서 카인에게 죽은 아벨 대신 또 다른 아들을 주셨구나."

그들은 깊은 슬픔 중에도 하느님께 감사드리며 아들의 이름을 '셋'이라 지었다. 장성하여 아내를 얻은 셋은 아들을 낳아 '에노스'라 불렀다.

하느님에 대한 공경심과 믿음이 깊은 에노스가 하느님의 이름을 부르며 경건히 예배드리니 사람들의 무리가 비로소 그를 따라 하느님의 이름을 받아들여 부르기 시작하였다.

노아의 방주

　에노스의 후손이며 아담으로부터 9대손이 되는 라멕은 182세에 아들을 낳아 노아라고 이름지으며 "하느님께서 저주하신 땅에서 고생하는 우리에게 이 아이가 위안을 가져다주리라." 하고 외쳤다. 삶의 고통과 불행 속에서 하느님의 위로와 구원을 갈구하는 인간의 희망을 이렇게 나타냈던 것이다.

땅 위에 사람들이 붙어나면서 그와 함께 온갖 범죄와 폭력이 난무하게 되었다. 하느님께서는 세상이 죄악으로 가득 차고 사람마다 못된 생각만 하는 것을 보시고는 왜 사람을 만들었던가 싶으시어 마음이 아프셨다. 창조하신 후 보시기에 참으로 좋으셨던 세상은 이제 너무 썩고 더럽혀졌다.

하느님께서 보시기에, 속속들이 썩어버린 세상에서 노아만은 진정으로 하느님을 섬기며 하느님의 뜻에 따라 사는 올바르고 흠 없는 사람이었다.

마침내 세상을 멸망시킬 결심을 하신 하느님께서는 노아에게 그 계획을 알리시며 그것에 대비하여 큰 배를 만들라고 명하셨다.

"전나무로 배 한 척을 만들어라. 배 안에 방을 여러 칸 만들고 물이 스며들지 않도록 안팎을 역청석유나 석탄, 천연가스 등에서 뽑아낸 타르 같은 물질으로 칠하여라."

항상 하느님께 순종하는 노아는 하느님께서 자세히 일러주신 치수와 모양대로 배를 만들었다. 배는 네모난 상자 모양을 갖추었으며 내부는 3층의 구조로 꾸며졌다.

배가 완성되자 하느님께서 말씀하셨다.

"내가 이제 땅 위에 폭우를 쏟을 터인즉 땅 위에 사는 것들은 하나도 살아남지 못하리라. 너는 네 아들들과 아내와 며느리들을 데리고 배에 들어가거라. 그리고 깨끗한 짐승은 종류대로 암컷과 수컷 일곱 쌍씩, 부정한 짐승은 두 쌍씩, 공중의 새도 일곱 쌍씩 배에 데리고 들어가 온 땅 위에서 각종 동물의 씨가 마르지 않도록 하여라. 먹을 수 있는 온갖 양식을 가져다가 너와 함께 있는 사람과 동물들이 먹도록 저장해 두어라."

사람에게 유용한 것은 깨끗한 짐승으로, 그렇지 않은 것은 부정한 짐승으로 구분하신 것이다. 부정한 짐승도 구원하시는 것은, 그들 역시 하느님께 속하며 이 땅에서 살고 보존될 권리를 갖는 것임을 의미하는 것이다.

노아는 모든 일을 분부대로 행하였다. 아내와 세 아들, 며느리들과 함께 각종 동물들을 배에 들여보냈다. 마지막으로 노아가 들어가자 하느님께서 손수 문을 닫으셨다.

땅 밑에 있는 큰 물줄기가 모두 터지고 하늘에는 구멍이 뚫려 40일 동안이나 밤낮 없이 폭우가 쏟아졌다. 땅은 완전히 물에 잠기어 배가 그 물 위를 떠다녔다. 하늘 높이 치솟은 산들도 모두 물에 잠겼다. 사람들은 물론, 마른 땅 위에서 코로 숨쉬며 살던 모든 생물들이 숨지고 말았다. 그러나 노아의 가족과, 함께 배에 있던 동물들은 살아남았다.

150일 동안이나 땅을 뒤덮고
있던 물은, 하느님께서 바람을 일으
키시자 비로소 빠지기 시작하였다. 그로
부터 150일이 되던 날, 배는 마침내 아라랏
산 등마루에 다달아 멈춰 섰다.

물에 잠겼던 산봉우리가 드러나고도 40일이 지난 뒤 노아는
배의 창을 열고 까마귀 한 마리를 내보냈다. 까마귀는 땅에 내
려앉지 못하고 이리저리 날아다녔다. 노아는 다시 비둘기 한

마리를 내보냈다. 비둘기 역시 앉을 곳을 찾지 못하고 그냥 돌아왔다. 물이 아직 땅을 뒤덮고 있었던 것이다.

노아는 7일 후 그 비둘기를 다시 배에서 내보내었다. 비둘기는 저녁때가 되어 돌아왔는데 부리에 금방 딴 올리브나무 이파리를 물고 있었다.

노아는 또 7일이 지난 후 비둘기를 내보내었다. 비둘기는 돌아오지 않았다. 이제 물이 다 줄고 땅이 말랐음을 안 노아는 가족과 동물들을 데리고 배에서 나왔다.

노아는 제단을 쌓고 깨끗한 짐승을 골라 제물로 바쳤다. 하느님께서는 기쁘게 그 제물을 받으시며 속으로 다짐하셨다.

"다시는 홍수로 땅을 멸하지 않으리라.
내가 구름 사이에
　　　　　무지개를 둘 터이니
이것이 대대로 이어갈
영원한 계약의 표가 될 것이다."

'사람은 어려서부터 악한 마음을 품게 마련이니, 다시는 사람 때문에 땅을 저주하지 않으리라. 모든 짐승들을 없애지 않으리라. 땅이 있는 한, 뿌리는 때와 거두는 때, 추위와 더위와 여름과 겨울, 밤과 낮이 쉬지 않고 오리라.'

　이제 사람이 가진 선악의 두 모습을 인정하시고, 다시는 홍수로써 세상을 쓸어버리지 않으실 것을 약속하신 것이다.

하느님께서 노아와 그의 아들들에게 복을 내리시며 말씀하
셨다.

"자손을 많이 낳아 온 땅에 번성하여라. 들짐승과 길짐승과
공중의 새와 바닷고기가 너희의 지배를 받으리라. 살아 움직
이는 모든 짐승이 너희의 양식이 되리라. 그러나 피가 있는 고
기를 그대로 먹어서는 안된다. 피는 곧 그 생명이다. 너희 생명
인 피를 흘리게 하는 사람이나 짐승에게는 내가 앙갚음을 하
리라. 남의 피를 흘리게 하는 사람은 제 피도 흘리게 될 것이
다. 이제 나는 너희와 너희 후손 그리고 너희와 함께 지내며 숨
쉬는 모든 짐승들과 계약을 세운다. 다시는 홍수로 땅을 멸하
지 않으리라. 내가 구름 사이에 무지개를 둘 터이니 이것이 대
대로 이어갈 영원한 계약의 표가 될 것이다."

하느님께서는 정의로운 사람 노아를 통하여 새로운 창조를
이루셨고 평화의 계약을 맺으셨으며 이로써 노아는 새로운 인
류의 조상이 되었다. 온 세상 사람들이 노아의 아들들, 곧 셈,
함, 야펫으로부터 퍼져나갔다.

바벨탑

세상에는 사람들이 점점 많아졌다. 각기 바닷가에, 평야에, 사막지방에 흩어져 살던 사람들은 신아르지방 한 들판에 모여 자리를 잡았다. '신아르'라는 지명은 지금의 메소포타미아 지방을 가리킨다. 그들은 지금 세상의 사람들과는 달리 한가지 말 만을 쓰고 있었다. 물론 사용하는 문자도 같았다. 그곳에 자리잡은 그들은 의논하였다.

"어서 벽돌을 빚어 불에 단단히 구워내자."

"어서 도시를 세우고 크고 훌륭한 건물들을 짓자. 그래서 다시는 흩어지는 일이 없이 한 곳에 모여 살자. 우리가 한데 뭉치면 큰 힘을 갖게 될 것이다."

그들은 돌 대신에 진흙을 빚어 볕에 말리
거나 불에 구워 단단한 벽돌을 만들었다. 그
벽돌에 글을 써서 남기기도 하고 역청을 발
라 쌓아 올렸다. 아주 오랜 세월 지탱할 수
있는 놀랄 만큼 견고한 건물들을 지어 큰 도
시를 건설하였다.

"이 도시의 가운데에, 하늘에 닿게끔 높은
탑을 쌓아 우리의 이름을 날리자."

자신들이 이룬 문명과 기술문화에 대한 자
만심이 커진 그들은 마침내 하늘까지 닿을
거대한 탑을 세워 이름을 떨치고자 하는 명
예욕에 빠지게 되었다.

탑의 이름을 '바벨'이라 지었는데
그것은 그들이 건설한 대도시
'바빌론'에서 유래된 것으로
'신의 문'이라는 뜻이었다.

하느님께서는 사람들의 이러한 행위를 보시고 생각하셨다.

'사람들이 모두 같은 말을 쓰면서 모여 있으니 안되겠구나. 이것은 장차 사람들이 하려는 일의 시작에 지나지 않겠지. 앞으로 하려고만 하면 못할 일이 없겠구나. 당장 땅에 내려가서 사람들이 쓰는 말을 뒤섞어놓아 서로 알아듣지 못하게 해야겠다. 그렇게 하면 그들은 어쩔 수 없이 세상 곳곳으로 흩어지게 될 것이다.'

무엇이든 할 수 있다는 교만에 빠진 사람들에게 그들 능력의 한계와, 그들이 하고 있는 일은 창조주인 하느님의 뜻에 어긋나는 일이며 잘못된 길이라는 것을 알려주어 처음의 올바른 질서를 회복하고자 하신 것이다.

자신들의 힘에 대한 지나친 믿음 뿐만 아니라 한데 모여 힘을 뭉치겠다는 사람들의 생각 역시 하느님의 뜻에 어긋나는 것이었다. 하느님께서 애초 인간에게 내리신 축복은 "널리 온 땅에 퍼져 번성하고 충만하라."는 것이었다. 그러나 그들은 새로운 곳을 개척하여 나아가는 것을 두려워하여 한 곳에 머물며 안정된 지금의 상태를 영원히 유지시키고자 하였다.

하느님께서는 땅에 내려 오시어 사람들 사이에 온 세상의 말을 뒤섞어놓으셨다. 그러자 사람들은 이제까지 함께 쓰던 말들을 모두 잊어버리고 자신도 모르는 다른 말들을 쓰기 시작했다.

사람들 사이에서는 말이 통하지 않아 큰 혼란이 일어났다. 저마다 시끄럽게 떠들어 대었지만 서로의 말을 알아듣지 못하여 의사소통을 할 수 없었다.

벽돌을 만드는 사람, 나르는 사람, 쌓는 사람들끼리 서로의 생각과 계획, 방법들에 소통이 되지 않고 질서가 무너져 갈팡질팡하여 일은 엉망이 되었다. 따라서 하늘까지 닿는 탑을 쌓는 일을 완성할 수 없었다. 탑을 쌓는 일 뿐만 아니라 실제 함께 살아가는 일에 있어서도 큰 어려움이 따랐다.

"우리의 이름을 날리고 사방으로 흩어지지 않게 하자."던 사람들은 뿔뿔이 흩어져 생활의 터전을 달리하게 되었다.

인간이 자기가 속한 도시나 국가의 명예와 자기 자신의 이름을 높이고자 노력하는 것은 결코 나쁜 일이 아니다. 다만 이 바벨탑의 설화에서 문제가 되는 것은 인간이 하느님의 뜻을 전혀 개의치 않고 스스로의 능력으로 한계를 초월하여 이름을 떨치려는 오만이다.

그들은 에덴 동산에서 하느님의 명령을 어기고 스스로 하느님이 되고자했던 인간의 모습과 조금도 다르지 않다. 이처럼 인간의 죄악은 역사를 통해 되풀이되고 있었다.

우리는 역사를 통해 나치즘이나 군국주의, 전체주의 등 인간들이 한마음으로 뭉쳐 저지른 많은 일들을 알고 있다. 못할 일이 없으리라는, 교만에서 비롯된 인간의 단결은 하느님의 뜻을 바로 헤아리지 못하여 지향점이 잘못된 것일 경우에는 이처럼 우리를 죄악과 멸망의 길로 이끈다.

인간의 잘못을 방관하지 않으시고 올바른 길로 이끄시는 하느님의 적극적인 개입으로 사람들은 각기 자신들의 말과 삶을 가지고 세상 곳곳으로 퍼져갔다. 사방으로 흩어진 다양한 언어와 삶의 형태로 제각기 고유하고 풍요로운 문화를 이루고 발전해가며 새로운 시대를 열었다.

믿음의 아버지
아브라함

홍수가 끝난 뒤 노아의 아들들인 셈과 함과 야펫은 자식을 낳았는데 그들의 후손은 각기 씨족과 부족을 이루며 여러 지방으로 갈려 나갔다. 함은 가나안의 조상이 되었으며 셈으로부터 10대째의 자손이 아브람이다. 메소포타미아 북쪽의 도시 하란에서 그 지역의 다른 사람들처럼 이방의 신을 섬기며 살아가던 그에게 하느님께서 말씀하셨다.

"네 고향과 친척과 아비의 집을 떠나 내가 장차 보여줄 땅으로 가거라. 나는 너를 큰 민족이 되게 하리라. 너에게 복을 주어 네 이름을 떨치게 하리라. 네 이름은 남에게 복을 끼쳐주는 이름이 될 것이며 세상사람들이 네 덕을 볼 것이다. 너에게 복을 비는 사람에게는 내가 복을 내릴 것이며 너를 저주하는 사람들에게는 저주를 내리리라."

아브람은 하느님께 믿음으로 응답하여 분부를 따랐다. 아내 사라이와, 일찍 죽은 동생 하란의 아들 롯과, 부리던 사람들을 거느리고 하란을 떠난 것은 그의 나이 75세 때였다.

가나안 땅을 거쳐 모레의 참나무가 있는 스켐의 성소에 이르게 되었을 때 하느님께서 아브람에게 나타나시어 "내가 이 땅을 네 후손에게 주리라." 하셨다. 아브람은 그 자리에 제단을 쌓아 하느님께 바쳤다.

그 후 아브람은 베텔 동쪽에 있는 산악지대로, 네겝으로 거주지를 옮겨가며 살았다. 이제까지 함께 떠돌며 유목생활을 하던 아브람과 롯은 헤어져 각기 생활의 터전을 달리하게 되었다. 아브람은 가나안 땅에 머물고 롯은 비옥한 땅 요르단 분지의 소돔에 자리잡았다.

롯이 떠나간 다음 하느님께서 아브람에게 말씀하셨다.

"고개를 들어 네가 있는 곳에서 동서남북을 둘러보아라. 네 눈에 비치는 온 땅을 너와 네 후손에게 영원히 주겠다. 나는 네 후손을 땅의 티끌만큼 불어나게 하리라."

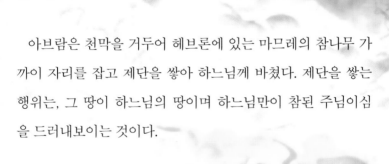

아브람은 천막을 거두어 헤브론에 있는 마므레의 참나무 가
까이 자리를 잡고 제단을 쌓아 하느님께 바쳤다. 제단을 쌓는
행위는, 그 땅이 하느님의 땅이며 하느님만이 참된 주님이심
을 드러내보이는 것이다.

동방의 왕들이 동맹을 맺고 요르단 강을 건너 팔레스티나 북쪽, 소돔과 고모라 등의 도시국가로 쳐들어왔다. 소돔에 살고 있던 아브람의 조카 롯은 모든 재물을 빼앗기고 포로가 되어 끌려가게 되었다. 아브람은 자기의 사병들을 이끌고 가서 적을 섬멸시키고 롯과 그의 가족, 재물과 함께 곤경에 처한 모든 사람들을 구해내었다.

지극히 높으신 하느님을 섬기는 사제인 살렘의 왕 멜키체덱은 싸움에서 이기고 돌아오는 아브람을 떡과 포도주를 가지고 나와 맞으며 복을 빌어주었다. 아브람은 자기가 가진 것 전부 중에서 십분의 일을 그에게 주었다.

아브람의 아내 사라이는 아기를 낳지 못하는 몸이었기에 자신의 이집트인 몸종 하가르를 남편의 소실로 들여보내 아들을 낳게 했다. 아브람은 그 아들의 이름을 이스마엘이라 지었다.

아브람이 99세 되던 해에 하느님께서 아브람에게 나타나시어 말씀하셨다.

"나는 전능한 신이다. 너는 내 앞을 떠나지 말고 흠 없이 살아라. 나는 너의 후손을 하늘의 별만큼 많이 불어나게 하리라. 내가 너를 많은 민족의 조상으로 삼으리니, 너는 이제부터 아브람이 아니라 아브라함이라 불리우리라. 나는 너와 대대로 네 뒤를 이을 후손들과 나 사이에 영원한 계약을 세워 너와 네 후손들에게 하느님이 되어주겠다. 네가 나그네살이하고 있는 이 가나안 땅을 너와 네 후손에게 줄 것이니 너희 남자들은 난 지 8일 만에 할례를 받아라. 네 후손뿐 아니라 모든 종들에게도 할례를 받게 해야 한다. 그래야만 내 계약이 영원한 계약으로서 너희 몸에 새겨질 것이다."

흠 없이 살라하심은 아무런 조건없이 마음을 다 바쳐 하느님께 속해 있으라는 뜻이다. 할례는 민족일치의 상징이자 이스라엘 남자의 일생이, 태어나면서부터 하느님께 바쳐졌음을 나타내는 신앙의 행위지만, 노예들에게도 똑같이 할례를 받게하라는 것은 자유인이거나 노예이거나 모두가 하느님의 백성이며 하느님 앞에서 평등하다는 것을 나타낸다.

하느님께서 아브라함에게 다시 분부하셨다.

"네 아내 사라이를 이제부터 사라라고 불러라. 내가 그에게 복을 내려 너에게 아들을 낳아주게 하리라. 많은 민족의 어미가 되게 하고 그에게서 민족들을 다스릴 왕손이 일어나게 하리라."

아브라함은 땅에 얼굴을 대고 엎드려 있으면서도 속으로는 우스워서 '나이 백 살에 아들을 보다니! 사라도 아흔 살이나

되었는데 어떻게 아이를 낳겠는가.' 하고 중얼거렸다. 하느님
께서 말씀하셨다.

"아니다. 네 아내 사라가 내년 이맘 때, 너에게 아들을 낳아
줄 터이니, 그의 이름을 이사악이라 하여라. 나는 그와 그의 후
손의 하느님이 되어주기로 영원한 계약을 세워주리라. 이스마
엘에게도 복을 내려 자식이 많이 태어나 수없이 불어나게 하
겠다. 그에게서 열두 영도자가 나서 큰 민족이 일어나게 하겠
다."

아브라함은 그날로 자신은 물론 아들 이스마엘을 비롯하여
종들에 이르기까지 집안의 모든 남자들에게 할례를 받게 하였
다. 하느님께서는 이렇게 아브라함에게 '후손'과 '이집트 개
울에서부터 큰 강 유프라테스까지 이르는' 땅을 약속하시고
계약을 맺으셨다.

소돔과 고모라

하느님께서 두 명의 특사를 거느리고 마므레의 참나무 곁, 아브라함의 천막 앞에 나타나시었다. 아주 무더운 대낮이었다. 천막의 문어귀에 앉아있던 아브라함은 웬 낯선 사람 셋이 자기를 향해 서있는 것을 보고는 반갑게 맞이하였다.

"손님네들. 괜찮으시다면 들어와 쉬어 가십시오. 물을 길어올 터이니 발을 씻으시고 나무 밑에서 좀 쉬십시오. 음식도 잡수시고 피로를 푼 다음에 길을 떠나십시오."

아브라함은 급히 천막 안으로 들어가 사라에게 떡을 만들도록 하고 종에게 살진 송아지 한 마리를 잡게 하였다. 그리고 송아지 요리에, 엉긴 젖과 우유를 곁들여 손님들 앞에 차려놓고 손님들이 식사를 하는 동안 곁에서 시중을 들었다. 낯선 나그네를 따뜻하고 정성껏 대접하는 것은 고대 중동사회의 아주 중요한 법 중의 하나였다.

"부인 사라는 어디 계시오?"

그들 중의 한 사람이 아브라함에게 묻자 아브라함은 천막 안에 있다고 대답했다.

"내년 봄 새싹이 돋아날 무렵 내가 틀림없이 너를 찾아오겠다. 그때 네 아내 사라는 이미 아들을 낳았을 것이다."

이때 아브라함은 그 사람이 바로 하느님이심을 알아보았다.

식사를 마친 손님 일행은 다시 길을 떠나 소돔이 내려다보이는 곳에 다다랐다. 그들을 배웅하느라 아브라함도 같이 왔다.

소돔과 고모라는 더 이상 두고 볼 수 없이 타락해있었다. 사람들이 서로 죽이고 죽는 비명과 폭행을 당하는 이들의 울부짖음, 처벌을 요구하는 아우성들이 하느님께서 서계신 곳까지 들려왔다.

하느님께서 말씀하셨다.

"소돔과 고모라에서 들려오는 저 원성들을 나는 차마 들을 수가 없다. 너무나 엄청난 죄를 짓고 있구나. 그들이 하는 짓들이 모두 나에게 들려오는 저 아우성과 정말 같은 것인지 내려가서 내 눈으로 직접 보고 정말 그러하다면 모조리 쓸어버릴 것이다."

아브라함이 하느님께 다가서서 물었다.

"진정 죄 없는 사람을 죄인들과 함께 기어이 쓸어버리시렵니까? 저 도시 안에 죄 없는 사람이 오십 명이 있다면 그들을 보시고 용서해주시지 않으시렵니까? 죄 없는 사람을 어찌 죄인과 똑같이 보시고 함께 죽이시려고 하십니까? 온 세상을 다스리시는 분이라면 공정하셔야 할 줄 압니다."

"소돔성에 죄 없는 사람이 오십 명만 있으면 그들을 보아서라도 다 용서해줄 수 있다."

그러자 아브라함이 다시 말했다.

"티끌이나 재만도 못한 주제에 감히 아룁니다. 죄 없는 사람 오십 명에서 다섯이 모자란다면 그 다섯 때문에 온 성을 멸하시겠습니까?"

"저곳에 죄 없는 사람 사십오 명만 있어도 멸하지 않겠다."

아브라함은 다시금 죄 없는 사람이 사십 명만 있다면, 삼십

명만 있다면, 이십 명만 있다면 그 도시들을 멸하지 마시라고
머리를 조아리며 거듭 간청하였다. 아브라함의 간곡한 청을
받아들이신 하느님께서 마침내 죄 없는 사람이 열 명만 있으
면 그들을 보아 소돔과 고모라를 쓸어버리지 않으시겠다는 약
속을 하셨다. 하느님께서는 말씀을 마치시고 자리를 뜨셨다.
아브라함도 자기 고장으로 돌아갔다.

저녁때에 이르러 하느님의 천사 둘이 소돔에 다다랐다. 때마
침 성문께에 앉아 있던 롯은 일어나 반갑게 그들을 맞으며 자
기의 집에서 쉬어가도록 간청하였다. 롯은 그들에게 누룩을
넣지 않은 빵을 구워 정성껏 접대하고 편안한 잠자리를 마련
하였다.

그들이 미처 잠자리에 들기 전, 소돔의 사내들이 젊은이로부
터 늙은이까지 온통 사방에서 몰려와 롯의 집을 에워싸고 행
패를 부렸다.

"오늘밤 네 집에 든 자들이 어디 있느냐? 끌어내어 혼을 내
주어야겠다."

롯이 밖으로 나가 문을 막고 서서 그들에게 사정하였다.

"제발 이런 못된 짓들을 하지 마시오. 내 집에 손님으로 모신
분들을 괴롭히지 마시오."

"비켜라. 나그네살이하는 네가 주제넘게 재판관 행세를 할 작정이냐. 그자들보다 먼저 너를 혼내주어야겠다."

그들은 온갖 조롱과 욕설을 퍼부으며 문을 부수고 쳐들어오려 하였다. 그곳 사람들의 악행이 이러하였다. 하느님께서 바라셨던 단 열 명의 '죄 없는 자'는 찾아볼 수 없었다.

안에 있던 두 사람이 손을 내밀어 롯을 집안으로 끌어들이고 문을 닫은 후 롯에게 말했다.

"네 가족들을 다 데리고 어서 떠나거라. 우리는 하느님의 보내심을 받아 이곳을 멸하러 왔다."

동틀 무렵, 하느님의 천사들이 차마 떠나지 못하고 망설이는 롯과 그의 아내, 두 딸의 손을 잡고 성 밖으로 끌어내며 일렀다.

"살려거든 어서 달아나거라. 뒤를 돌아다보아서는 안된다."

롯은 소돔을 빠져나와 해가 솟아오를 무렵 간신히 '초아르'라는 작은 도시에 당도하였다.

그러자 하느님께서는 손수 유황불을 소돔과 고모라에 퍼부으시어 그 성읍과 모든 주민들, 그리고 땅 위에 자란 모든 것들을 모조리 태워버리셨다. 등 뒤에서 들려오는 멸망의 끔찍한 소리에, 롯의 아내는 명을 어기고 뒤를 돌아다보다가 그만 소금기둥이 되어버렸다.

아브라함이 아침 일찍 일어나 하느님과 함께 섰던 자리에 가서 소돔과 고모라와 그 분지 일대를 굽어보니 번성하던 도시는 간 곳이 없고 마치 아궁이에서 뿜어 나오는 것처럼 연기만 치솟고 있었다.

아브라함이 이사악을 제물로 바치다

　소돔과 고모라의 멸망 이후 아브라함은 마므레의 숲과 평원을 떠나 가나안 땅 그라르로 옮겨가 살게 되었다. 하느님께서 사라에게 하신 약속을 들어주시니, 사라가 임신하여 봄 새싹이 돋아날 무렵 아들을 낳았다.

　백 살의 나이에 아들을 얻은 아브라함의 기쁨은 이루 말할 수 없었다. '하느님께서 나에게 웃음을 주셨다.'는 뜻으로 아들의 이름을 이사악이라 짓고 난 지 8일 만에 할례를 베풀었다. 이사악이 세 살이 되어 젖을 떼던 날 아브라함은 큰 잔치를 열었다.

그때 사라는 아브라함과 이집트 출신의 노예 하가르 사이에서 태어난 아들인 이스마엘이 자기 아들 이사악과 함께 노는 것을 보고 몹시 못마땅하게 여겨 아브라함에게 말했다.

"저 여종과 아들을 내쫓아주십시오. 저 여종의 아들이 내 아들 이사악과 함께 상속자가 될 수는 없습니다."

아브라함은 마음이 몹시 괴로웠다. 이스마엘도 자기의 혈육이었기 때문이다.

그러자 하느님께서 아브라함에게 말씀하셨다.

"사라가 하는 말을 다 들어주어라. 이사악에서 난 자식이라야 네 혈통을 이을 것이다. 그러나 이 여종의 아들도 네 자식이니 내가 그에게도 큰 민족을 이루게 하리라."

결국 아브라함은 하느님의 말씀에 순종하여, 약간의 양식과 물을 가득 넣은 가죽부대를 하가르에게 메어주며 아이를 데리고 고향으로 돌아가라고 하였다.

가나안에서 이집트로 가는 길은 멀고 험했다. 길을 떠난지 며칠 지나지 않아 그들 모자는 길을 잃고 브에르 세바의 빈 들을 헤매게 되었다. 게다가 물마저 다 떨어졌다. 인가가 없는 황야에서 물이 떨어진다는 것은 곧 죽음을 뜻하는 것이었다.

어찌할 수 없는 절망감에 빠진 하가르는 덤불 한 구석에 갈

증으로 기진한 아들을 내려놓았다. 자식이 죽는 것을 어찌 눈
뜨고 보랴. 멀찌감치 떨어져 앉아 울부짖는 이스마엘을 지켜
보며 함께 목놓아 울 뿐이었다.

하느님께서 그 아이의 울음소리를 들으시고 당신의 천사를
시켜 하가르에게 이르셨다.

"하가르야, 어찌된 일이냐. 두려워 하지 마라. 하느님께서 네
아들의 울부짖는 소리를 들으셨다. 어서 가서 저 아이를 안아
일으켜주어라. 내가 그를 큰 민족이 되게 하리라."

하느님께서 하가르의 눈을 열어주시니, 그의 눈에 깊은 바위
구멍에서 물이 솟아오르는 샘이 보였다. 하가르는 가죽부대에
물을 채워다가 아이에게 먹였다.

하느님께서 이처럼 고통과 절망에 빠진, 버림받
은 그들의 울부짖음에 귀기울이시고 함께해주셨
던 것이다. 이스마엘은 자라서 사냥꾼이 되었
다. 이집트 여인을 아내로 맞아 파란 광야
에서 살아갔다.

아브라함은 언제나 하느님의 뜻을 따랐고 자신이 지켜가고 있는 정의와 믿음에 큰 자부심을 갖고 있었다. 그래서 하느님께서는 마지막으로 그의 믿음을 시험해보려 하셨다.

어느 날 아브라함에게 분부를 내리셨다.

"사랑하는 네 외아들 이사악을 데리고 모리야 땅으로 가거라. 거기에서 내가 일러주는 산에 올라가 그를 번제물로 나에게 바쳐라."

아브라함은 아침 일찍 일어나 나귀에 안장을 얹었다. 제물을 사를 장작을 싣고 아들과 두 명의 종과 함께 하느님께서 일러주신 곳으로 서둘러 떠났다. 길을 떠난 지 사흘 만에 아브라함은 그 산이 멀리 바라보이는 곳에 다다랐다. 아브라함은 종들을 그곳에 머물게 하고는 번제물을 사를 장작을 아들 이사악에게 지우고 자기는 불씨와 칼을 챙겨 들었다.

단둘이 산에 오르던 중 제물이 없는 것에 의아해진 이사악이 아브라함에게 물었다.

"아버지, 불씨도 있고 장작도 있는데 번제물로 드릴 어린 양은 어디 있습니까?"

"얘야, 번제물로 바칠 어린 양은 하느님께서 손수 마련하신단다."

아브라함의 대답은 앞으로 일어날 일을 미리 예견한 것이 아니라 자신도 모르는 사이에 표현된 바람이었고, 하느님의 뜻은 언제나 선하시다는 믿음이었다.

산꼭대기에 이르러 아브라함은 제단을 쌓고 장작을 얹어 놓은 다음 이사악을 묶어 장작더미 위에 올려놓았다. 목의 동맥을 쉽게 끊을 수 있도록 아들의 머리를 잡아 뒤쪽으로 젖히고 막 칼로 찌르려고 할 때 하느님의 천사가 하늘에서 큰소리로 거듭 아브라함을 불렀다.

아브라함이 대답하자 하느님의 천사가 이렇게 말하였다.

"그 아이에게 손을 대지 마라. 머리털 하나라도 상하게 하지 마라. 나는 네가 얼마나 나를 공경하는지 알았다. 너는 하나밖에 없는 아들마저도 서슴지 않고 나에게 바쳤다."

아브라함이 이 말을 듣고 고개를 들어보니 뿔이 덤불에 걸려 허우적거리는 숫양 한 마리가 눈에 띠었다. 아브라함은 곧 그 숫양을 잡아 아들 대신 번제물로 드렸다.

아브라함은 감사와 기쁨의 표현으로 그곳을 '야훼 이레'라고 이름붙였다. 그래서 오늘날의 사람들도 야훼 이레, 즉 '야훼께서 이 산에서 마련해주신다.' 라고 말한다.

하느님의 천사가 또다시 큰소리로 아브라함에게 말하였다.

"네가 외아들마저 서슴지 않고 바쳤으니 나의 이름을 걸고 맹세한다. 나는 너에게 더욱 복을 주어 네 자손이 하늘의 별과 바닷가의 모래처럼 불어나게 하리라. 네 후손은 원수의 성문을 부수고 그 성을 점령할 것이다. 네가 이렇게 내 말을 들었기 때문에 세상 만민이 네 후손의 덕을 입을 것이다."

이사악과 레베카의
혼인

사라는 백이십칠 년을 살고 헤브론 땅에서 죽었다. 아브라함
은 마므레 동쪽 땅 막펠라를 은 사백 세켈에 사서 사라의 주검
을 그곳 동굴에 안장하였다. 이로써 이스라엘의 선조들은 가
나안에서 처음으로 자신들의 땅을 갖게 되었다.

아브라함은 이제 몹시 늙었다. 이사악은 장성하여 혼인할 나이가 되었으나 주변에는 모두 이방의 신을 섬기는 가나안족의 처녀들 뿐이었다. 며느릿감은 무엇보다도 하느님에 대한 믿음이 깊어야 할 뿐만 아니라 친절하고 관대한 성품을 지닌 색시라야 했다.

아브라함은 생각 끝에 오랫동안 집안의 재산을 관리해온 충성스런 종에게 자신의 고향인 우르의 땅, 아람 나하라임으로 가서 이사악의 신부감을 구해오도록 분부하였다.

"너는 내 사타구니에 손을 넣고 하늘을 내신 하느님, 땅을 내신 하느님이신 주님을 두고 맹세하여라. 내 고향 내 친척들한테 가서 내 아들 이사악의 신부감을 골라오겠다고 하여라. 고향에서 친척들과 함께 사는 나를 그들 가운데서 이끌어내시고 이 땅을 내 후손에게 주겠다고 약속하신 그분께서 당신의 천사를 보내시어 거기서 내 며느리감을 데려오도록 네 앞길을 인도해주실 것이다."

사타구니에 손을 넣고 맹세한다는 것은 죽음에 임박한 사람이 '생명의 근원'에 맹세함으로써 자신의 마지막 뜻을 이루려는 하나의 관습이었다.

종은 분부에 따라 주인이 보내는 온갖 귀한 선물을 낙타 열 마리에 싣고 길을 떠났다. 여러 날 후 하란에 이른 그는 성 밖에 있는 샘터에서 낙타들을 쉬게 하였다. 여자들이 물을 길러 나오는 저녁 무렵이었다. 그 종은 이렇게 기도하였다.

'제 주인 아브라함의 하느님이신 주님! 오늘 일이 모두 뜻대로 잘 되게 해주십시오. 하느님의 심복 아브라함에게 신의를 지켜주십시오. 물을 길러 나온 여자들에게 저는 마실 물을 청

할 터인즉 저뿐 아니라 낙타들에게까지 물을 마시게 해주는 친절하고 아리따운 마음씨를 가진 아가씨가 있으면 그가 바로 하느님께서 이사악의 아내감으로 정해주신 여자라고 알겠습니다.'

기도가 채 끝나기도 전에 한 어여쁜 처녀가 어깨에 항아리를 메고 샘가에 나타나 물을 길었다. 그가 처녀에게 마실 물을 청하자 그 처녀는 기꺼이 항아리를 내려 받쳐들고 마시게 해주었다. 뿐만 아니라 다시 물을 길어 낙타들도 실컷 마시게 해주었다.

늙고 충직한 종은 자기가 띠고 온 사명과 기도를 하느님께서 뜻대로 이루어주시는지 알아보려고 그 모양을 가만히 지켜보았지만 마음은 이루 말할 수 없이 기뻤다.

낙타들이 물을 다 마시고 나자 그는 준비해온 값진 금코고리를 처녀의 코에 걸어주었다. 그리고 금팔찌 두 개를 팔목에 끼워주고는 뉘집 딸인가, 아가씨의 집에 하룻밤 쉬어갈 만한 방이 있는가를 물었다.

처녀는 공손히 대답하였다.

"저는 브투엘이라는 분의 딸입니다. 할아버지는 나호르이고 할머니는 밀카이며 저희집에는 낙타들에게 먹일 겨와 여물도 넉넉하고 쉬어가실 만한 방도 있습니다."

그 처녀는 하란에 남아 살고 있는 아브라함의 동생인 브투엘의 딸 레베카였다.

종은 하느님께서 주인인 아브라함의 뜻을 이루어주신 것에 감사와 경배를 드렸다.

레베카가 급히 집으로 돌아가 식구들에게 이 일을 알리니 그녀의 오라비인 라반이 나와 일행을 자기집으로 모셨다. 낙타의 등에서 안장과 짐을 풀고 먹이를 주었으며 손님들을 융숭히 대접하였다.

기도가 채 끝나기도 전에
한 어여쁜 처녀가
어깨에 항아리를 메고
샘가에 나타나 물을 길었다.

아브라함의 종은 아브라함이 얼마나 하느님의 사랑을 받는 사람이며 부유하고 세력있는 사람인가에 대하여, 그리고 고향에서 며느리감을 구해오도록 그가 자신에게 부여한 임무에 대하여 세세히 이야기하였다.

아브라함의 하느님께서 자기의 기도를 어떻게 들어주셨는지를 말하며 레베카를 이사악의 아내로 맞아들이기를 청하니 라반과 브투엘은 이 일이 모두 하느님의 뜻임을 알고 승낙하였다. 레베카 역시 낯선 땅으로 가서 한번도 본 적이 없는 사촌과 결혼하는 일을 기쁜 마음으로 받아들였다.

아브라함의 종과 그 일행은 융숭한 대접을 받으며 하룻밤을 편히 쉰 후 레베카와 레베카의 유모, 하녀들을 대동하여 그곳을 떠났다. 라반과 브투엘은 레베카에게 복을 빌어주었다.

"너는 억조창생의 어머니가 되어라. 네 후손은 원수들의 성문을 부수고 그 성을 빼앗아라."

네겝 땅, 라하이 로이라는 샘이 있는 사막지방에서 살고 있던 이사악은 저녁 무렵 바람을 쐬러 들에 나왔다가 자기의 천막을 향해 오는 낙타떼와 낙타에 타고 있는 예쁜 처녀를 보았다. 레베카도 고개를 들어 이사악을 보고는 그가 바로 남편될 사람임을 알아 너울을 꺼내 얼굴을 가리고 낙타에서 내렸다.

아브라함의 종으로부터 모든 사정을 들은 이사악은 레베카를
천막으로 맞아들여 아내로 삼았다. 이사악은 아내를 사랑하여
어머니를 잃은 슬픔을 달랬다.

아브라함은 백칠십오 살에 죽어 막펠라 동굴 사라의 곁에 안
장되었다. 아브라함이 죽은 후 하느님께서는 아들 이사악에게
복을 내리셨다. 이사악과 레베카는 라하이 로이 우물이 있는
곳에 머물러 살았다.

에사우와 야곱

이사악과 레베카에게서 쌍둥이 아들이 태어났다. 형은 살결이 붉은데다 온몸이 털투성이여서 이름을 에사우라 지었다. 동생은 형의 발꿈치를 잡고 나왔다는 뜻으로 야곱이라 이름 지었다. 그들은 쌍둥이였지만 성격과 외모가 아주 달랐다. 힘이 세고 활달한 에사우는 들판을 쏘다니는 사냥꾼이 되었고 야곱은 성질이 차분하여 천막에 머물러 살았다.

이사악은 에사우가 사냥해오는 고기에 맛을 들여 에사우를 더 사랑하였고 레베카는 늘 곁에서 곰살궂게 보살펴주는 야곱을 더 사랑하였다.

단순하고 낙천적인 성격의 형과는 달리 야곱은 영리하고 사려 깊었지만 욕심도 많았다. 그들이 살았던 당시 고대 동방사회에서는 한 가문의 재산과 권리 등 모든 상속권이 맏아들에게만 있었는데 야곱은 이것을 몹시 불만스럽게 여겼다.

어느 날 야곱이 불콩죽을 끓이고 있을 때 에사우가 허둥지둥 뛰어들어왔다. 에사우가 죽을 달라고 하자 야곱은 그에게 죽 한 그릇과 장자의 상속권을 맞바꾸자고 제안했다. 배고파 죽을 지경이었던 에사우는 앞뒤 생각없이 야곱이 시키는 대로 맹세를 하고 죽을 얻어먹었다.

이사악은 늙고, 모랫바람이 심하고 건조한 사막의 유목민들에게 흔히 찾아오는 시력상실증으로 눈이 몹시 어두워졌다. 게다가 그가 살고 있던 마므레 평원지대에 가뭄이 계속되어 양떼를 이끌고 가나안 중심부로 좀더 이동하는 어려운 고비를 겪으며 심신이 쇠약하고 피로해졌다.

살날이 얼마 남지 않았음을 느낀 이사악은 어느 날 에사우를 불러 사슴을 잡아 자기가 특별히 좋아하는 구이를 만들어오라고 명했다. 그것을 먹고 난 후에 에사우에게 축복을 내리고 법에 따라 모든 재산을 물려줄 작정이었다.

　이 말을 엿들은 레베카는 에사우가 사냥을 나가자마자 야곱을 불러 사정을 알리고 계략을 꾸몄다.

　"에사우가 돌아오기 전에 어서 살진 새끼 염소 두 마리만 끌고 오너라. 내가 그것으로 네 아버지가 좋아하는 맛있는 구이를 할 테니 아버지께 갖다드려라. 아버지는 네가 에사우인 줄 알고 네게 모든 축복과 상속권을 주실 것이다."

　야곱은 두려워하며 망설였다. 목소리가 거칠고 털북숭이인 형과는 달리 피부가 곱고 목소리도 가녀린 자신을 아버지가 구별 못할 리 없을 것이다.

"아버님이 저를 만져보시면 금방 아실 텐데 속인 것이 탄로나면 도리어 큰 저주를 받을까 두렵습니다."

"야곱아, 네가 받을 저주는 내가 받으마. 아버지는 눈이 어두워 알아보지 못하실 것이다. 아무 걱정말고 내가 시키는 대로 하여라."

야곱을 다독거린 레베카는 서둘러 염소를 잡아 음식을 만들고 야곱에게 에사우의 옷을 입혔다. 염소새끼 가죽을 목과 손목에 감아주고는 음식과 빵을 들려 이사악에게 보냈다.

"아버님의 맏아들 에사우입니다. 분부대로 사슴을 잡아 좋아하시는 구이를 만들어 왔으니 어서 일어나 앉으셔서 이 요리를 잡수시고 제게 복을 빌어주십시오."

"에사우야, 무슨 수로 이렇게 빨리 사슴을 잡았느냐?"

"아버지의 하느님이신 주님께서 살진 사슴을 금방 만나게 해주셨습니다."

야곱은 시치미를 뚝 떼고 거짓말을 하였다.

이사악은 에사우의 목소리가 아닌 듯하여 미심쩍은 마음이 들었다. 가까이 다가오게 하여 야곱의 몸을 더듬었다. 그러나 털을 벗겨내지 않은 염소새끼 가죽을 감은 야곱의 손을 만져보고는 그것이 에사우의 털북숭이 손이라 믿었다. 게다가 입

고 있는 옷에서는 언제나 에사우에게서 풍기던, 사냥한 짐승의 냄새와 땀 냄새가 나지 않는가.

이사악은 더 이상 의심하지 않고 야곱이 바치는 술과 음식을 먹고 마신 뒤 정성을 다해 복을 빌어주었다.

"하느님께서 하늘에서 내리신 이슬로 땅이 기름져 오곡이 풍성하고 술이 넘쳐나리라. 너는 네 겨레의 영도자가 되고 뭇 족속들은 네 앞에 엎드리리라. 너를 저주하는 자는 저주를 받고 너에게 복을 빌어주는 사람은 복을 받으리라."

야곱이 물러간 직후, 에사우가 사냥해온 짐승의 구이를 들고 이사악의 천막으로 들어왔다.

"아버지, 일어나셔서 제가 만든 음식을 잡수시고 저에게 복을 빌어주십시오."

이사악은 영문을 알 수 없었다. 놀라 황망하게 되물었다.

"대체 너는 누구냐. 나는 나의 맏아들 에사우가 해온 음식을 배부르게 먹고 벌써 그에게 복을 빌어주었다."

에사우는 아버지의 말을 듣고 목놓아 울며 자신에게도 복을 내려달라고 애원하였다. 이사악은 비로소 야곱에게 속은 것을 알고 기가 막혔지만 한번 내린 복은 어쩔 수 없었다.

"도리에는 어긋나지만 나는 이미 야곱에게 모든 축복과 상속권을 물려주었다. 에사우야, 이제와서 내가 네게 무엇을 해줄 수가 있겠느냐? 장차 네가 살 곳은 하늘에서 이슬 한 방울 내리지 않는 메마른 땅이다. 너는 아우를 섬겨야 할 몸, 네 스스로 힘을 길러 그가 씌운 멍에를 목에서 떨쳐버려야 하리라."

에사우는 아버지와 형을 속여 상속권을 가로챈 야곱에 대한 원망과 미움을 떨쳐버릴 수 없었다. 아버지가 세상을 떠나면 곧 야곱을 없애버리리라 마음먹었다. 이를 알아챈 레베카는 야곱에게 가만히 일렀다.

"큰일났다. 네 형이 너를 죽일 마음이니 화가 풀릴 때까지 하란으로 몸을 피해 내 오라버니 라반 아저씨를 찾아가라. 네 형의 노여움이 풀리면 내가 사람을 보내 데려오마."

그리고는 이사악에게, 야곱이 이교도인 가나안 여자와 혼인하게 될까봐 걱정이라는 구실을 붙여 하란으로 보내자고 호소하였다. 야곱은 곧 길을 떠나 하란으로 향했다. 이후, 레베카는 죽을 때까지 사랑하는 아들 야곱을 보지 못하였다.

야곱의 꿈

하란을 향해 먼 길을 가는 도중 야곱은 어느 날 밤 묵을 곳을 찾지 못해 들판에서 한뎃잠을 자게 되었다. 돌을 베개 삼아 베고 잠들었던 그는 이상한 꿈을 꾸었다. 눈부신 광채와 함께 하늘에서부터 땅에 이르기까지 층계가 드리워지고 그곳을 하느님의 천사들이 오르내리는 것이 아닌가.

놀라움과 두려움에 휩싸인 그에게 하느님께서 모습을 드러내셨다.

"나는 네 할아버지 아브라함과 네 아버지 이사악의 하느님인 주님이다. 나는 네가 지금 누워있는 이 땅을 너와 네 후손에게 주리라. 네 후손은 땅의 먼지처럼 불어나서 동서남북으로 널리 퍼질 것이며 땅에 사는 모든 종족이 너와 네 후손의 덕을 입을 것이다. 내가 너와 함께 있어 네가 어디로 가든지 너를 지켜주다가 다시금 이리로 데려오리라. 너에게 약속한 것을 다 이루어줄 때까지 나는 너를 떠나지 않으리라."

'참말로 주님께서 여기 계셨는데도 내가 모르고 있었다니. 이곳이 바로 하느님의 집이요, 하늘 문이구나.'

잠에서 깨어난 야곱은 베고 자던 돌을 세워놓고 그 꼭대기에 기름을 부어 그곳이 거룩한 장소임을 나타내는 증거물로 삼았다. 또한 그곳을 '하느님의 집'이라는 뜻으로 베텔이라 이름 지으며 간절한 마음으로 서원을 바쳤다.

"제가 이 길을 가는 동안 하느님께서 저와 함께하셔서 먹을 것과 입을 것을 마련해주시고 무사히 아버지의 집으로 돌아가게끔 지켜주신다면, 저는 주님을 제 하느님으로 모시고 제가 세운 이 석상을 하느님의 집으로 삼겠습니다. 그리고 하느님

께서 저에게 무엇을 주시든지 그 십분의 일을 반드시 드리겠
습니다."

이로써 베텔은 이스라엘의 성소로서 중요한 의미를 갖게 되
었다. 즉 땅과 후손에 관한 하느님의 약속, 야훼를 하느님으로
모실 것과 소득의 십분의 일을 바치겠노라는 야곱의 서원이
이곳에서 비롯된 것이다.

마침내 하란에 도착한 야곱은 외삼촌인 라반과 그 가족의 따
뜻한 환대를 받았다. 양치는 일을 거들며 한 달 가량 지냈을 때
라반이 야곱에게 말했다.

"네가 아무리 내 친척이라지만 거저 일할 수야 있겠느냐. 품
삯을 얼마나 주면 좋겠는지 말해보아라."

라반에게는 두 딸이 있었는데 야곱은 그중 용모가 아름다운
라헬을 좋아하였다.

"정 그러시다면 제가 칠 년 동안 외삼촌 일을 해드릴 테니
라헬을 아내로 주십시오."

야곱은 귀한 노동력이었다. 당시 관습으로는 사촌끼리의 혼
사가 당연하였으며 실제 아랍인들 사이에서 아내는 흔히 '삼촌의 딸'이
라고 불린다. 이왕이면 영리하고 부지런한 일꾼을 가족으로 붙
들어두는 것이 유리하겠기에 라반은 쾌히 응락했다.

그로부터 칠 년 동안 야곱은 오직 사랑하는 라헬에게 장가들 기쁨을 기대하며 열심히 일했다.

약속한 칠 년을 채우고 마침내 잔칫날이 되었다. 그러나 속셈이 달랐던 라반은 라헬 대신 큰딸 레아를 신방에 들여보내었다. 베일을 쓰고 있는 신부가 레아인 줄을, 밤을 지내고서야 알게 된 야곱은 기가 막혔다.

야곱이 항의하자 라반은 큰딸을 젖히고 둘째딸을 먼저 결혼시키는 법이 없으니 칠 일 동안 레아와 부부로 한방에 든 연후에 라헬을 주겠노라고, 대신 앞으로 칠 년을 더 일해주어야 한다는 조건을 붙였다.

야곱은 욕심 많고 교활한 라반에게 속은 것이 분하고 원통했지만 박차고 나오기에는 라헬에 대한 사랑과 미련이 너무 깊었기에 그 조건을 받아들일 수밖에 없었다.

칠 일 후 마침내 라헬을 아내로 맞았으나 앞으로 칠 년 동안 또다시 품삯 없는 일꾼으로 살아야 했다.

본의 아니게 자매를 두 아내로 거느리게 된 야곱은 레아보다 라헬을 훨씬 더 사랑하였다. 남편으로부터 사랑받지 못하는 레아의 설움을 가엾게 여기신 하느님께서는 레아에게 잇달아 아들들을 주셨으나 라헬은 오랫동안 잉태하지 못하였다.

야곱은 욕심많고 교활한 라반에게
속은 것이 분하고 원통했지만
박차고 나오기에는
라헬에 대한 사랑과 미련이
너무 깊었기에 그 조건을
받아들일 수밖에 없었다.

하느님께서, 아이를 낳지 못하는 괴로움과 시새움으로 고통받는 라헬의 기도를 들어주시어 뒤늦게 태를 열어주시니 그때에 낳은 아들이 요셉이다.

라헬이 요셉을 낳은 다음 야곱은 이제 처자들과 함께 고향으로 돌아가고 싶었다. 라반은 품삯 없이 십여 년 간 일해준 야곱 일가의 노동으로 이미 처음과는 달리 비할 바 없는 부자가 되어 있었지만 야곱은 빈털터리였다.

야곱은 라반에게, 라반 소유의 가축들 중 검은 양과 얼룩무늬 염소들만을 나눠달라고 요구하였다. 그것들을 번식시켜 자신의 몫으로 할 것이며 흰 양과 검은 염소는 어떤 경우에도 자신의 소유로 삼지 않겠노라고 말했다.

메소포타미아 지방에서는 일반적으로 양은 흰색이고 염소는 검은색이었다. 검은 양과 얼룩무늬 염소란 극히 드물게 태어나는 변종일 뿐이어서 야곱이 차지할 수 있는 것은 몇 마리 되지 않았다.

내심 라반은 만족스러웠다. 야곱과 그의 아내들, 몸종들과 자손들은 그가 결코 잃고 싶지 않은 귀중한 노동력이었다. 제아무리 부지런하고 영리한 야곱이라 할지라도 무슨 수로 그 희귀한 변종들을 늘려 떠날 수 있겠는가.

그러나 야곱은 유능한 목동이었다. 양떼들의 먹이를 어떤 식으로 조절하고 교배를 해야 일종의 변종인 검은 양과 얼룩배기 염소가 나오는 지 알고 있었다. 야곱은 그가 가진 지식과 계략으로 가축의 수를 늘려 큰 부자가 되었다.

　　하느님께서 야곱에게 말씀하셨다.

　　"네 고향으로 돌아가거라. 내가 너와 함께 있으리라."

　　야곱은 처자들을 낙타에 태우고 모든 가축떼를 몰아 가나안 땅으로 향했다. 고향을 떠난 지 20년 만이었다.

베델로 돌아온 야곱

　그토록 원했던 귀향이었지만 마므레 지방에 가까워올수록 야곱의 마음은 불안해졌다. 그 옛날 자신은 형 에사우에게 얼마나 큰 잘못을 저질렀던가. 교활하고 탐욕스러운 라반의 손아귀에서는 빠져나왔지만 이제 호랑이 같은 에사우와 맞부딪칠 일이 두렵기만 했다.

　깊은 고민 끝에 야곱은 에돔 벌 세이르에 살고 있는 에사우에게 머슴을 보내어 이렇게 전하도록 했다.

　"이 못난 아우 야곱이 문안드립니다. 그간 라반에게 몸붙여 살다보니 이제야 형님께 소식을 전하니 아무쪼록 저를 너그럽게 보아주십시오."

심부름갔던 머슴들이 다녀와서 야곱에게 고하였다.

"주인님의 형님 에사우께서 지금 무장한 사백 명의 부하를 거느리고 주인님을 만나러오십니다."

분명 자신을 공격하기 위해 군대를 이끌고 온다고 생각한 야곱의 두려움은 극에 달했다. 이제 드디어 올 것이 왔구나!

에사우의 분노와 막강한 군대의 힘을 이겨낼 자신이 없는 야곱으로서는 또다시 하느님께 기도하며 매달릴 수밖에 없었다.

"할아버지 아브라함의 하느님, 아버지 이사악의 하느님! 저에게 고향 친척에게로 돌아가면 앞길을 열어주마고 약속하신 주님! 당신께서 이 종에게 베푸신 한결같은 사랑을 저는 받을 자격이 없습니다만 저를 형 에사우의 손에서 건져주십시오. 에사우가 와서 우리 모두를 죽여버리지나 않을까 두렵습니다."

야곱은 자신이 거느린 염소와 양, 낙타, 나귀 등 종류대로 550마리를 가려 골라 머슴들을 시켜 에사우에게 선물로 보냈다. 야곱은 에사우가 그 선물을 동생인 자신이 잘못을 뉘우치고 용서를 청하는 뜻으로 알고 받아들이기를 바랐던 것이다.

에사우에게 선물을 보낸 야곱은 가족과 함께 요르단강 동쪽

지류 중의 하나인 야뽁강을 건넜다. 이곳을 향해 달려오는 에사우에게 몰살당할 것을 우려하여 먼저 가족들을 떠나보내고 홀로 나룻가에 남은 야곱은 밤이 이슥하여 자신을 향해 다가오는 한 알 수 없는 존재를 보았다.

그는 힘겨루기를 하듯 다짜고짜 야곱에게 달려들었다. 얼결에 당한 일이었고 또한 상대방의 힘이 막강하다는 것을 알았지만 그대로 무릎 꿇을 수만은 없는 일이었다. 야곱은 어둠 속에서 온 힘을 다해 싸웠다.

싸우는 중에 야곱은 상대가 단순히 강도이거나 힘자랑으로 행세하는 불량배가 아니라는 느낌이 들었다. 그의 용기와 믿음을 시험하는, 어떤 알 수 없는 힘의 역사이며 그것을 이겨내지 못하면 자신의 앞에 놓인 장애를 결코 넘어서지 못하리라는 것을 깨달았다. 씨름은 밤새 계속되었다.

동틀 무렵, 지친 상대가 이제 제발 놓아달라고 야곱에게 사정했으나 야곱은 자기에게 복을 빌어주지 않으면 절대 놓아줄 수 없다고 떼를 썼다. 그는 야곱에게 이름을 물은 뒤 말했다.

"너는 하느님과 겨루어냈고 사람과도 겨루어 이겼다. 그러니 이제부터는 네 이름을 야곱이 아닌, 이스라엘이라고 하여라."

이미 오래 전에 동생을 용서한 에사우는
마주 뛰어와 야곱의 목을 끌어안고
입을 맞추며 기쁨의 울음을 터뜨렸다.
야곱의 가족들은 차례로
에사우에게 절을 올렸다.

야곱은 이 무서운 체험을 통하여 자신을 짓누르던 불안과 공포감을 떨쳐낼 수 있었다. 하느님이 자신과 함께 계시며 보호하심을 강하게 느꼈고 그가 초자연적 존재와 싸워 이길 수 있었던 것은 바로 그분의 능력에 힘입은 것임을 깨달았던 것이다.

비록 씨름에서는 이겼으나 지치고 만신창이가 된 몸으로 절뚝거리며 한발 앞서 떠나보낸 가족들과 합류할 즈음 야곱은 먼발치에서 사백 명의 부하들을 이끌고 오는 에사우를 보았다. 야곱은 가족들을 뒤에 세우고 앞장서 걷는 중에 일곱 번이나 땅에 엎드려 절하면서 형에게로 나아갔다. 스스로를 낮추어 신하로서의 예를 갖춘 것이었다.

그러나 이미 오래 전에 동생을 용서한 에사우는 마주 뛰어와 야곱의 목을 끌어안고 입을 맞추며 기쁨의 울음을 터뜨렸다. 야곱의 가족들은 차례로 에사우에게 절을 올렸다. 에사우는 새로이 가족과 친척들이 생긴 것이 기쁘기 그지없었다. 자신이 살고 있는 세이르로 모두 함께 가서 살기를 원했으나 고향으로 돌아가고 싶었던 야곱은 정중히 사양했다.

에사우는 곧 세이르로 돌아가고 야곱은 길을 떠나 가나안 땅 스켐마을에 이르렀다. 하느님께서 야곱에게 다시 말씀하셨다.

"이곳을 떠나 베텔로 올라가 내게 제단을 쌓아 바치고 그곳에 자리를 잡아라."

베텔은 야곱이 형의 분노를 피해 달아날 때 하느님의 모습을 뵌 곳이었다. 야곱은 곧 온 가족과 거느리고 있는 사람들에게 몸을 정결히 씻고 새 옷으로 갈아입게 한 다음 그들이 지니고 있던 이방의 신상과 부적들을 땅에 묻어버리고 길을 떠났다.

베텔에 이르러, 하느님께 온전히 의탁한다는 표시로 제단을 쌓고 그곳 이름을 엘 베텔베텔의 하느님이라 지었다. 하느님께서 그에게 다시금 '이스라엘'이라는 이름을 주시고 축복하셨다.

그 후 야곱 일행은 아버지 이사악을 찾아 헤브론을 향한 여행길에 올랐다. 베들레헴 부근에 이르러 라헬이 둘째 아기를 낳게 되었다. 극심한 산고를 겪던 라헬은 아들을 낳은 직후 숨을 거두면서 아기의 이름을 '고통중에 낳은 아들'이라는 뜻으로 '벤 오니'라고 불렀다. 그러나 야곱은 그 이름을 불길하게 생각하여 벤야민이라 고쳐 지었다.

이로써 야곱의 아들은 열두 명이 되었고 그들은 후에 이스라엘 열두 지파의 조상이 되었다.

이사악이 백팔십 세에 죽으니 아들 에사우와 야곱이 그를 아브라함과 사라가 묻힌 막펠라굴에 안장하였다.

요셉이 이집트로 팔려가다

야곱은 가족과 함께 가나안 땅에 정착하였다. 그는 두 아내와 여종들에게서 낳은 열두 명의 아들들 중 늘그막에 라헬에게서 얻은 요셉을 특히 사랑하였다. 요셉의 말이라면 어떤 요구든 다 들어주었고 그에게만 값진 장신구가 달린 옷을 지어 입히곤 했다. 요셉은 다른 형제들보다 머리가 훨씬 영리하고 인물도 출중하였다.

그러나 아버지의 편애를 믿는 탓에 형들의 시기와 질투를 염두에 두지 않았다. 화려한 옷을 뽐내며 자신이 특별한 존재임을 과시하고 다른 형제들의 잘못을 아버지에게 고자질하는 등 조심성 없이 굴었다. 형들은 그를 미워해 가까이하지 않았다.

한번은 형들에게 그가 꾼 꿈 이야기를 자랑스레 펼쳤다.

"형님들, 제 꿈 얘기 좀 들어보세요. 글쎄 우리 모두 밭에서 곡식단을 묶고 있는데 내가 묶은 단이 우뚝 일어서자 형들이 묶은 단들이 둘러서서 내가 묶은 단에게 절하지 않겠어요?"

"네가 정말 우리에게 왕 노릇을 할 셈이냐? 주인 노릇을 할 셈이냐?"

형들은 화를 내며 그를 더욱 미워하게 되었다.

형들의 감정에 아랑곳하지 않는 그는 얼마 후 또 다른 꿈 이야기를 떠벌였다.

"글쎄 꿈에 해와 달과 별 열하나가 내게 절을 하더군요."

요셉은 이 일로 형들의 분노를 산 것은 물론 아버지 야곱에게서까지 심한 꾸지람을 들었다.

"네가 꾼 꿈이 대체 무엇이냐? 그래, 나와 네 어머니와 네 형제들이 너에게 나아가 땅에 엎드려 절을 할 것이란 말이냐?"

야곱은 내심 요셉이 방자한 언행으로 형들의 미움을 받아 불행한 결과를 가져오게 될 것에 깊이 걱정하였다.

그의 형들이 양떼들에게 풀을 뜯기러 집을 떠나 스켐으로 나간 뒤 야곱은 그곳으로 요셉을 보냈다. 그들이 잘 지내는지 보고 오라는 구실이었으나 요셉이 이번 기회에 형들과의 나쁜 감정을 풀고 우애를 회복하게 하려는 속셈이었다.

스켐 부근 도탄에 머물러 있던 형들은 멀리서부터 요셉이 그들을 향해 오는 것을 보았다. 멋진 옷과 장신구로 치장한 요셉의 자태를 보자 새삼 미움이 솟구쳤다.

"야, 저기 꿈쟁이가 오는구나. 저 녀석을 죽여 아무 구덩이에나 처넣고 들짐승이 잡아먹었다고 하자. 그리고 그 꿈이 어떻게 되어가는가 보자."

그러나 맏형인 르우벤은 그들을 만류했다. 그 역시 이복동생인 요셉이 밉고 싫었지만 형제간에 피흘리는 일만은 피하고 싶었다. 못된 버릇이 고쳐지게끔 실컷 혼을 내주고 집으로 돌려보낼 생각이었다.

이윽고 요셉이 다가오자 그들은 달려들어 옷을 벗기고, 살려달라고 울부짖는 요셉을 구덩이에 처넣었다. 누군가 구해주는 사람이 없다면 머지 않아 요셉은 죽게 될 것이었다.

아무리 증오심과 살의가 강하다 해도 형제를 죽이거나 죽게

끔 방치한다는 것은 꺼림칙하고 두려운 일이었다.

한바탕의 흥분이 가라앉은 다음 궁리 끝에 유다가 의견을 내었다.

"그래도 우리 동생이고 혈육인데 그를 죽이고 그 피를 덮어버린다 해서 무슨 이득이 있겠나. 그러니 그 애를 이스마엘 사람들에게 팔아버리고 우리는 손을 대지 말자."

도탄 주변에는 예전부터 메소포타미아에서 길앗을 거쳐 이집트로 가는 교역로가 발달되어 있었다. 때마침 향고무와 유향과 반일향을 낙타에 싣고 이집트로 향해 가는 이스마엘 상인들을 보자 형제들은 요셉을 구덩이에서 다시 끌어내 그들과 흥정을 벌였다.

요셉은 은 이십 냥에 팔려가게 되었다. 은 이십 냥은 당시 성장기 남자 노예의 일반적인 몸값이었다.

"내 아들의 옷이다.
들짐승이 잡아먹었구나.
요셉이 들짐승의 밥이 되다니."

눈에 가시같던 요셉을 처치해버린 것은 속시원한 일이었으
나 아버지에게 둘러댈 일이 걱정이었다. 그들은 염소 한 마리
를 죽여 그 피를 요셉의 옷에 묻혔다. 그리고 그 옷을 가지고
돌아가 야곱에게 보였다.

"우리가 이것을 들판에서 주웠습니다. 이것이 요셉의 것인
지 아닌지 잘 보십시오."

"내 아들의 옷이다. 들짐승이 잡아먹었구나. 요셉이 들짐승
의 밥이 되다니."

그것이 요셉의 옷임을 곧 알아본 야곱의 비통함은 이루 말할
수 없었다. 그는 옷을 찢으며 슬피 울부짖었다. 베옷을 몸에 걸
친 채 아들을 생각하며 날이 가도 달이 가도 울기만 했다.

가족들이 모두 힘껏 그를 위로했지만 그의 소망은 단지 사랑
하는 아들 곁으로, 그곳이 설사 어둡고 무서운 땅밑일지라도
가고 싶다는 것뿐이었다.

한편 이집트에 도착한 이스마엘 상인들은 파라오의 신하인 경호대장 포티파르에게 요셉을 팔아넘겼다. 포티파르는 얼마 안되어 요셉이 여느 종들과는 달리 무척 총명하고 부지런하다는 것을 알아보았다. 포티파르는 그를 깊이 신임하여 집안의 관리인으로 삼아 모든 집안 일을 맡겼고 그 또한 성심껏 수행하였다.

포티파르의 아내는 정숙치 못한 여자였다. 요셉의 잘생긴 용모에 반하여 그를 유혹하였다.

"그것은 저를 믿어주시는 주인님을 배반하는 일이고 하느님께 죄를 짓는 일입니다."

요셉은 단호히 거절하고 되도록 포티파르의 아내를 멀리하였으나 그녀의 유혹은 집요하였다. 어느 날 그녀는 일을 보러 집안에 들어간 요셉의 옷을 붙잡고 침실로 가자고 꾀었다. 요셉은 겉옷을 그녀의 손에 잡힌 채 몸을 빼내어 밖으로 뛰쳐나갔다.

부끄러움을 당한 주인의 아내는 앙심을 품었다. 집에 돌아온 남편에게 요셉의 옷을 보이며 거꾸로 죄를 뒤집어씌웠다.

"당신이 데려온 그 히브리 종놈이 글쎄 내 방에 들어와서 나를 농락하려했지 뭐예요. 그래서 내가 고함을 질렀더니 이렇

게 옷을 버려둔 채 밖으로 뛰쳐나갔답니다."

포티파르는 호인이지만 단순한 사람이었다. 한갓 종의 주제에 주인의 아내를 넘보다니! 격분한 포티파르는 자세한 정황을 알아보지도 않고 요셉을 잡아 감옥에 가두었다.

감옥에서의 요셉

요셉은 비록 감옥에 갇히는 신세가 되었으나 모범적인 태도와 몸가짐으로 곧 간수장의 눈에 들어 신임을 얻게 되었다. 간수장은 요셉에게 감옥에 있는 모든 죄수들의 관리를 맡겼다.

어느 날 요셉이 갇힌 감방에 두 명의 죄수가 들어왔다. 그들은 파라오에게 빵을 구워올리는 시종장과 술잔을 올리는 시종장이었다. 사소한 잘못으로 파라오의 비위를 거슬렀던 것이다. 여러 날이 지난 어느 아침, 요셉은 그들의 얼굴에 근심이 가득한 것을 보고 물었다.

"오늘은 두 분 안색이 좋지 않군요. 무슨 일이 있으십니까?"

"우리가 꿈을 꾸었는데 아무도 풀어줄 사람이 없소."

"꿈을 푸는 것은 하느님만이 하실 수 있는 일입니다. 하지만 제게 한번 얘기해보세요."

먼저 술잔을 드리는 시종장이 꿈 이야기를 들려주었다.

"내 앞에 포도나무가 한 그루 있었소. 그 포도나무에는 가지가 셋이 뻗어있었는데 싹이 나자마자 꽃들이 피고 포도송이가 익더군. 나는 그 포도를 따서 잔에다 짜 넣고는 그 잔을 파라오에게 바쳤다오."

하느님으로부터 일찍이 꿈 풀이의 능력을 받은 요셉은 곧 그 꿈을 풀어주었다.

"포도나무 가지 셋은 사흘을 뜻합니다. 사흘 후 파라오께서 당신을 불러 전에 하던 일을 시키실 것입니다. 그러니 당신은 나를 잊지 말고 파라오에게 잘 말씀드려 부디 이 감옥에서 벗어나게 해주십시오."

그 풀이가 좋은 것을 보고 빵을 구워올리는 시종장도 자기의 꿈 이야기를 털어놓았다.

"꿈에 흰 과자를 담은 바구니 셋을 머리에 얹고 있었는데 제일 윗 바구니에는 파라오에게 드릴 온갖 음식들이 들어있었소. 그런데 새들이 바구니 속에서 그것을 먹고 있더군."

"앞으로 사흘 뒤 파라오께서 당신을 불러내어 나무에 매달 것이고 새들이 당신의 몸을 쪼아먹게 될 것입니다."

사흘 후 파라오의 생일날, 왕은 잔치자리에 감옥에 갇혀있던 두 시종장을 불러들였다. 그리고는 술잔을 드리는 시종장의 잘못은 용서하여 원래 하던 대로 술잔을 올리게 하였으나 빵을 구워올리는 시종장은 나무에 매달아 죽였다. 요셉의 꿈 풀이대로 된 것이다.

그러나 복직이 된 시종장은, 파라오에게 청을 드려 감옥에서 빼내달라던 요셉의 부탁을 까맣게 잊어버렸다. 그로부터 2년의 세월이 지나도록 요셉은 감옥에 갇혀있었다.

어느 날 파라오는 이상한 꿈을 꾸었다. 나일강에서 난데없이 살이 찌고 잘생긴 암소 일곱 마리가 나와 강가의 갈대풀을 뜯고 있었다. 그런데 곧이어 여위고 볼품없는 암소 일곱 마리가 뒤따라 나와 이내 그 살찌고 잘생긴 소들을 잡아먹는 것이 아닌가.

그 괴이한 광경에 놀라 잠에서 깬 파라오는 얼마 후 다시 잠들어 또 꿈을 꾸었다. 이번에는 줄기 하나에서 일곱 이삭이 나와 토실토실 여물어가는 것이 보였다. 그런데 뒤이어 돋아난 말라빠진 일곱 이삭이 잘 여문 이삭들을 먹어버리는 것이었다. 뭔지 불길한 느낌을 주는 꿈이었다.

불안해진 파라오는 마술사와 현자들을 불러 꿈 풀이를 명했으나 아무도 그 꿈을 풀지 못했다.

그때야 비로소 시종장은 신통히도 꿈을 알아맞히던 요셉을 기억해냈다. 파라오에게 감옥에서 있었던 일을 아뢰며 요셉을 불러 꿈 풀이할 것을 청했다.

파라오는 곧 요셉을 불러들여 그에게 꿈 이야기를 들려주었

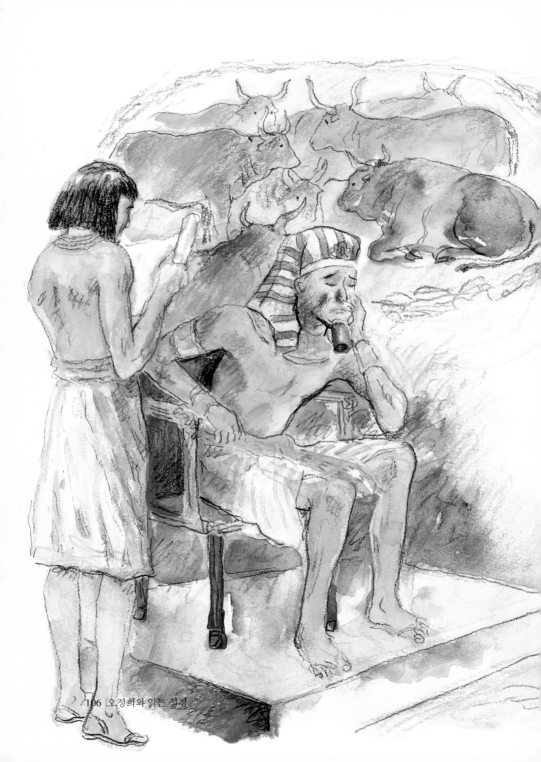

다. 파라오의 말을 주의깊게 듣고 난 요셉이 말했다.

"폐하의 두 가지 꿈은 결국 같은 내용입니다. 앞으로 일어날 일을 하느님께서 폐하께 미리 알려주신 것입니다. 잘생긴 암소 일곱 마리와 잘 여문 이삭 일곱은 일곱 해를 뜻합니다. 뒤따라 나타난 마르고 볼품없는 일곱 마리의 암소와 말라 비틀어진 이삭도 일곱 해를 뜻합니다. 이것은 앞으로 일곱 해 동안 이집트 온 땅에 크게 풍년이 들었다가 뒤이어 일곱 해 동안 흉년이 계속될 것이라는 것을 보여주는 것입니다. 그 흉년에 모든

사람들이 굶주리고 나라가 멸망할 지경까지 갈 것입니다."

"그렇다면 무슨 방법이 없겠느냐?"

이렇듯 명쾌하게 꿈을 푸는 요셉에게 탄복하고 신뢰감이 생긴 파라오가 물었다.

"폐하께서 두 번씩이나 같은 꿈을 꾸신 것은, 이것이 하느님께서 계획하고 실행하실 일이라는 것을 알려주는 뜻입니다. 그러니 폐하께서는 슬기롭고 지혜로운 사람을 뽑아 이집트 온 땅을 다스리게 하시는 것이 좋겠습니다. 이 나라 일을 감독할 자들을 세우시고 풍작이 계속되는 일곱 해 동안 이집트 땅에서 나는 것을 그 오분의 일씩 받아들이도록 조처하십시오. 앞으로 올 좋은 세월 동안 온갖 식량을 거둬들여 저장하도록 하십시오. 그 식량은 그 뒤에 계속될 흉작에 대비하는 것입니다. 그렇게 하면 기근으로 망하는 일은 면할 것입니다."

파라오는 그의 제안에 무릎을 쳤다. 총명하고 지혜로운 두뇌와 정확하고 멀리 내다보는 정치적 안목을 알아본 파라오는 그에게 중책을 맡기기로 하였다. 끼고 있던, 왕의 권위를 뜻하는 옥새반지를 빼어 요셉의 손가락에 끼워주고 좋은 옷을 입히고 목에 금목걸이를 걸어주며 이집트 전역의 백성을 다스리는 통치권을 부여하였다.

과연 일곱 해 동안 이집트 전역에 대풍년이 들었다. 요셉은 전국 각지에 배치한 감독관들을 통해 각종 많은 식량을 거둬들여 도시마다 저장하였다. 그 후 일곱 해 동안 흉년이 들었다. 요셉은 모든 창고를 열고 사람들에게 곡식을 팔았다.

기근은 이집트뿐만 아니라 온 세계를 휩쓸었다. 세상 사람들이 모두 곡식을 사려고 이집트로 몰려왔다.

요섭, 형제들과 만나다

　기근이 휩쓸었지만 그에 대비했던 나라는 이집트밖에 없었다. 바빌로니아와 아시리아, 가나안 사람들 모두 굶주림을 겪으며 수천 명씩 죽었다. 심지어 살아 남기 위해 어린 자식들을 노예로 팔아 넘기는 일도 생겨났다.

가나안 땅에 살고 있는 야곱의 가족들 역시 기근으로 극심한 고통을 겪게 되었다. 야곱의 아들들은 막내인 벤야민만을 남겨 두고 양식을 구하기 위해 다른 사람들처럼 이집트로 떠났다. 여러 날의 여행 끝에 이집트에 도착한 그들은 온 나라 안의 곡식을 도맡아 관리하는 요셉과 대면하게 되었다. 그의 허락이 없으면 한 톨의 곡식도 살 수 없기 때문이었다.

요셉을 알아보지 못한 형제들은 얼굴을 땅에 대고 엎드려 절하였으나 요셉은 이 남루한 유랑객들이 형제들임을 곧 알아보았다. 예전에 자신이 꾸었던 꿈과 똑같은 광경에 깜짝 놀랐지만 놀람과 반가움을 감추고 그들을 짐짓 거칠게 다루었다. 또한 히브리말을 모르는 양하며 자기와 그들 사이에 통역관을 세워놓고 이집트말로 위협하였다.

"너희들은 어디에서 온 자들이냐? 필시 이 나라의 동태를 살피러 온 간첩에 틀림없으렷다."

당시 이집트는 가나안 땅이 있는 북동부 지역까지 힘이 크게 미치지 못하였기 때문에 그쪽으로부터 적들이 침입해 올 것을 항상 경계하던 터여서 요셉의 추궁이 전혀 근거 없는 것은 아니었다.

"아닙니다. 저희는 가나안 땅의 양치기들로, 양식을 사러 이

곳에 왔을 뿐입니다. 지금 고향에서는 늙으신 아버지와 막내
동생이 굶주리면서 저희가 양식을 구해오기만을 기다리고 있
습니다.”

　열 명의 형제들이 아무리 자신들은 간첩이 아니라고 말해도
요셉은 의심하는 빛을 거두지 않고 그들을 감옥에 가두었다.

사흘 후 요셉은 그들을 불러 말하였다.

"나도 하느님 두려운 줄을 아는 사람이니 무고한 죄를 씌울 수는 없는 일이다. 그러니 너희 형제들 중 한 사람만 감옥에 남겨두고 다른 사람들은 고향의 가족들이 굶어 죽지 않도록 곡식을 가지고 돌아갔다가 다시 너희 막내동생을 데리고 오너라. 그러면 나는 너희들이 말한 것을 믿고 볼모로 잡혀있는 사람을 풀어주겠다."

잡혀있는데다가 시급히 양식을 구해야 하는 처지의 형제들로서는 요셉의 명을 따르는 것밖에 달리 방법이 없었다.

곤경에 빠진 형제들에게, 오랜 세월 그들의 마음을 짓누르고 있던 범죄의 기억이 되살아났다.

"너희는 나에게서 자식을
하나하나 빼앗아가는구나.
요셉도 없어졌고 시메온도 없어졌는데
이제 와서 벤야민마저 데려가겠다는 거냐."

형제인 요셉을 죽이려 했고 마침내 노예상인에게 팔아먹은 것은 참으로 끔찍한 일이었다. 그리고 이제 또 한 형제를 잃게 되었다. 이 일들을 어떻게 아버지 야곱에게 알릴 것인가.

"우리가 그 옛날 동생에게 저지른 죄값을 이렇게 받는구나."

"그애에게 못할 짓을 하였으니 이제 그의 피가 우리에게 앙 갚음을 하는 것이다."

요셉이 항상 통역을 사이에 두고 말을 했기 때문에 형제들은 요셉이 히브리말을 모르는 줄 알고 침통하게 속내 이야기들을 서로 털어놓았다. 요셉은 그 이야기를 듣다 말고 안으로 들어 가 울었다. 형제들이 자신에게 저지른 죄를 깊이 뉘우치고 있 음을 알았기 때문이었다.

요셉은 눈물을 씻고 다시 나와 둘째형인 시메온을 불러내어 묶었다. 그리고는 부하를 시켜 다른 형제들의 곡식자루마다 밀을 가득 채우고 그들이 곡식값으로 치렀던 돈을 그대로 자 루 안에 넣게 하였을 뿐만 아니라 돌아가는 길에 먹을 양식까 지 주게 하였다.

형제들은 시메온을 남겨둔 채 곡식을 나귀에 싣고 길을 떠났 다. 밤에 묵을 곳을 찾아들어 그들 중의 하나가 자루를 열어 보 다가 소리쳤다.

　　"아니, 곡식값으로 치렀던 내 돈이 여기 그냥 있으니 어쩐 일이냐?"

　　회계를 맡은 관리의 착오려니 하면서도 내내 꺼림칙한 기분으로 고향에 돌아온 그들은 다시금 두려움에 사로잡히게 되었다. 각자 가져온 곡식자루를 비우다가 자루마다 돈주머니가 그대로 들어있는 것을 보았던 것이다. 간첩혐의에 도둑누명까지 덧씌워진 형국이었다. 그렇다면 볼모로 잡혀있는 시메온은 결코 살아 남을 수 없을 것이었다.

형제들은 아버지 야곱에게 그간에 있었던 일들을 자세히 보고했다. 벤야민을 데리고 가야만 시메온이 풀려날 수 있다는 말에 야곱의 비탄은 이루 말할 수 없었다. 사랑하는 라헬에게서 얻은 두 아들 중 요셉을 잃은 후 막내인 벤야민에 대한 애정과 애착이 지극했던 것이다.

"너희는 나에게서 자식을 하나하나 빼앗아가는구나. 요셉도 없어졌고 시메온도 없어졌는데 이제 와서 벤야민마저 데려가겠다는 거냐."

"만일 제가 벤야민을 아버지께로 다시 데려오지 못한다면 제 두 아들을 죽이셔도 좋습니다. 저에게 벤야민을 맡기십시오. 어떤 일이 있어도 아버지께 다시 데려오겠습니다."

맏이인 르우벤이 자신의 아들들을 걸고 다짐했으나 야곱은 한사코 반대했다.

"이 아이만은 데리고 가지 못한다. 요셉도 들판에서 죽지 않았느냐. 가는 길에 무슨 변이라도 당하면 어쩔 셈이냐. 너희들은 이 늙은 아비가 슬피 울며 저승으로 내려가는 꼴을 보고 싶으냐?"

요셉이 형제들을
다시 만나다

기근은 날로 심해져갔다. 양식이 다 떨어져갈 무렵 야곱은 또다시 아들들에게 이집트에 가서 양식을 구해오도록 명했다. 유다가 나서서 말했다.

"그 어른이, 동생을 데려오지 않으면 곡식을 줄 수 없는 것은 물론 시메온도 풀어줄 수 없다고 분명히 경고했습니다. 그 애를 저에게 맡겨 보내주십시오. 제가 책임지겠습니다."

다른 선택의 여지가 없음을 안 야곱은 마지못해 허락했다.

"이대로 앉아 굶어죽을 수는 없는 일, 하는 수 없구나. 이 땅에서 난 가장 좋은 소출을 그릇에 담고 또 유향과 꿀과 향고무, 반일향들을 선물로 가져가거라. 돈은 갑절로 가지고 가되, 전에 너희 자루에 들어있던 돈들도 그대로 돌려주어라. 전능하신 하느님께서 그 어른으로 하여금 너희에게 자비를 베풀게 해주시어 시메온과 벤야민을 돌려보내주기만을 바랄 뿐이다."

그들은 길을 떠나 다시 요셉 앞에 서게 되었다. 요셉은 벤야민이 함께 온 것을 보고 자기집 관리인에게, 그들을 집으로 데려가라고 하였다. 또한 짐승을 잡아 좋은 음식들을 마련하여 상을 차리도록 일렀다.

형제들은 관리인을 따라가면서 두려움에 떨었다. 필시 전날 자루 속에 들어있던 돈을 빌미삼아 자신들을 도둑으로 몰아 종으로 삼으려는 것이라 생각했기에 요셉의 집 문에 들어서기 전 관리인에게 변명을 늘어놓았다.

"나리, 우리는 전에 양식을 사러 이곳에 온 적이 있었습니다. 양식을 사고 분명히 값을 치렀는데 하룻밤 묵을 곳에 이르러 곡식자루를 열어 보니 그 돈이 그대로 자루 속에 있지 뭡니까? 어찌된 영문인지 도무지 알 수 없었습니다. 이제 그 돈을 그대

로 갖고 왔으니 받아주십시오."

"걱정할 것 없습니다. 그 모든 일이 당신들의 하느님께서 하
신 일일 것입니다."

관리인은 그들을 안심시키고 볼모로 잡혀있던 시메온을 데
려왔다. 씻을 물을 주고 나귀들에게도 먹이를 주었다.

요셉이 집안으로 들어서자 그들은 가져온 선물을 내놓고 땅에 엎드려 절하였다. 그들의 절을 받으며 요셉이 물었다.

"고향에 늙은 아버지가 있다고 하더니 그분은 잘 계시느냐, 아직 살아계시느냐."

"어른의 종인 저희 아버지께서는 잘 계십니다."

요셉은 어릴 적 헤어졌던 동생 벤야민을 보고는 울음을 참을 수 없었다. 허둥지둥 방에 들어가 한바탕 울고는 얼굴을 씻고 나왔다.

잘 차려진 점심상을 대한 형제들은 다시 한번 깜짝 놀랐다. 미리 알려준 바도 없건만 식탁의 자리가 맏이부터 막내까지 나이 순서대로 정확히 배정되어 있었던 것이다. 그들은 요셉과 더불어 취하도록 먹고 마셨다.

요셉은 관리인에게, 그들의 자루마다 가지고 갈 수 있을 만큼 양식을 담고 곡식값으로 가져온 돈도 도로 넣게 하였다. 그리고 막내의 자루에는 자신의 은잔을 넣도록 은밀히 일렀다.

다음날 아침, 그들은 요셉의 융숭한 대접에 감사하며 나귀를 이끌고 길을 떠났다. 그러나 그들이 그 도시에서 벗어나자마자 요셉의 부하들이 뒤쫓아 와서 앞을 가로막고 호통을 쳤다.

"너희들이 왔다간 뒤 주인님의 은잔이 없어졌다. 그것은 주

인님께서 술을 따라마시고 점을 치는 귀한 물건이다. 어찌 이리 배은망덕할 수가 있느냐.”

"그럴 리 없습니다. 맹세컨대 저희는 그 어른의 은잔을 훔치지 않았습니다. 우리들의 짐을 다 뒤져 보십시오. 우리들 중 누구라도 그런 짓을 한 자가 있다면 그를 죽여도 좋습니다. 뿐만 아니라 우리 모두를 종으로 삼으셔도 좋습니다.”

너무도 뜻밖의 봉변에 놀라고 억울했지만 죄가 없는지라 형제들은 당당히 맞섰다. 요셉의 부하들이 짐을 뒤졌다. 그런데 이게 어찌된 일인가. 마지막으로 뒤진 벤야민의 자루에서 은잔이 나오는 게 아닌가. 변명의 여지가 없었다.

그들은 모두 옷을 찢고 비통하게 울며 다시금 요셉 앞으로 끌려갔다. 요셉은 짐짓 격노한 낯으로 호통을 치며 죄를 물었다.

"우리가 무슨 할 말이 있겠습니까. 하느님께서 저희들의 죄를 들추어내셨습니다. 우리 모두 어른의 종이 되는 수밖에 다른 방법이 없습니다."

"잘못을 저지른 것은 한 사람인데 다른 사람들까지 종으로 삼는 것은 온당치 못하다. 잔을 훔친 사람만 내 종이 되고 나머지는 고향으로 돌아가라."

요셉의 명에 형제들은 벤야민을 떠나보낼 때의 아버지의 비탄, 그리고 그들이 아버지와 했던 약속을 떠올리며 눈앞이 캄캄해졌다.

유다가 나서서 요셉에게 간절히 애원했다.

"소인이 어른께 감히 한 말씀 아뢰겠습니다. 저희는 모두 열

두 형제인데 밑의 두 형제는 아버지가 늘그막에 얻은 배다른 자식들입니다. 그중 아버지가 애지중지하던 큰아이는 일찍 죽었고 막내만 남았는데 아버지는 그 애를 몹시 사랑하십니다. 이곳에 데려올 때도 행여 그 애마저 잃을까 몹시 비통해하셨습니다. 아버지의 목숨은 그 애와 하나로 얽혀있어 그 애가 없다면 아버지는 곧 돌아가실 것입니다. 그러니 그 애 대신 소인을 남겨두시어 어른의 종으로 삼으십시오. 아버지에게 닥칠 불행을 저는 차마 볼 수 없습니다."

요셉은 복받치는 감정을 더 이상 억제할 수 없었다. 시종들을 물러가게 하고는 큰소리로 울음을 터뜨렸다.
"형님들, 가까이 와 저를 보십시오. 제가 바로 요셉입니다."

이집트에 온 야곱

어찌 이런 일이 있을 수 있는가, 형제들은 뜻밖의 사태에 새파랗게 질렸다. 그 옛날 자신들이 죽이려했고 결국 탐욕에 눈이 멀어 미디안의 노예상인에게 팔아버린 동생이 이집트 최고의 권력자가 되어 앞에 서있다니!

요셉은 그들에게 팔을 내밀어 가까이 오도록 하였다.

"형님들, 너무 두려워마십시오. 그 옛날 나를 이집트로 팔아 넘겼던 일을 돌이켜보는 것이 형님들로서는 괴로운 일이겠지만 이것은 모두 하느님께서 하신 일이라 생각됩니다. 이 땅에 기근이 든 지 이태가 되었습니다. 아직 다섯 해가 더 지나야 기근이 물러갈 것입니다. 하느님께서 우리의 목숨을 살리려고 나를 형님들보다 앞서 보내신 것이고 그것은 또한 형님들의 종족을 땅 위에 살아남게 하려는 것이겠지요. 하느님께서는 나를 이집트 온 땅을 다스리는 자로 세워주셨습니다. 아버지께서 아직 살아계시다니 이보다 더 기쁠 데가 없군요. 이제 곧 아버지께로 돌아가 내가 이곳에서 어떤 영화를 누리고 있는지 본 대로 다 말씀드린 후 모시고 이곳으로 오십시오. 저는 이제부터 아버지께서 거느리신 식구들과 딸린 목숨들이 이 무서운 기근이 끝날 때까지 아무런 부족함이나 아쉬움 없이 지내실 수 있도록 터전을 마련하고 준비하겠습니다."

말을 마친 요셉은 친동생 벤야민의 목을 부둥켜안고 울었다. 형들과도 일일이 입을 맞추며 두려움에 떠는 그들의 마음을 풀어주었다.

멀리 가나안 땅으로부터 요셉의 형제들이 찾아왔다는 소식을 들은 파라오는 자기의 일처럼 기뻐하며 요셉에게 큰 후의를 베풀었다.

"형제들에게, 아버지와 온 식구들을 어서 이리로 데려오라고 이르시오. 내가 이집트에서 가장 비옥한 땅을 주겠소. 어린 아이들과 여자들이 편히 오도록 마차들을 내어주고 양식도 넉

넉히 준비해주시오."

요셉은 고향으로 떠나는 형제들에게 좋은 나들이옷 한 벌씩을 주고 벤야민에게는 은돈 삼백 세켈과 나들이옷 다섯 벌을 주었다. 수나귀 열 마리에 아버지에게 보낼 선물을 가득 싣고 암나귀 열 마리에는 그들이 여행길에 먹을 음식들을 가득 실었다. 가는 길에 옛일을 들추며 서로 탓하지 말 것을 특히 당부하였다.

야곱은 가나안으로 돌아온 아들들로부터 모든 이야기를 들었지만 전혀 믿을 수가 없었다. 이미 오래 전에 죽은 줄로만 알았던 요셉이 이집트 땅에서 그토록 높은 지위에 올라 온갖 권세와 영화를 누리다니!

아들들이 잘못 알았거나 늙은 아비를 위로하기 위해 꾸민 이야기일 거라고 의심하던 야곱은 요셉이 보내준 값진 선물들과 훌륭한 마차들을 보고야 비로소 제정신이 돌아와 기쁨의 눈물을 쏟았다.

"이게 꿈이냐, 생시냐. 이제는 죽어도 한이 없다. 내 아들 요셉이 살아있다니…. 죽기 전에 어서 가서 그 애를 봐야겠다."

마침내 모든 식구들을 거느리고 재물을 챙겨 파라오가 보낸 마차에 몸을 싣고 길을 떠난 야곱은 브에르 세바에 이르러 하느님께 제사를 올렸다. 그날 밤 하느님께서 환상 중에 나타나시어 말씀하셨다.

"야곱아, 야곱아. 나는 네 아비를 보살피던 하느님이다. 이집트로 가는 것을 꺼리지 마라. 내가 거기에서 너를 큰 민족으로 만들리라. 너와 함께 이집트로 갈 것이며 또한 거기에서 너를 반드시 고향으로 되돌아오게 하리라. 요셉의 손이 네 눈을 감겨줄 것이다."

야곱과 그의 모든 자손은 가나안 땅에서 모은 가축과 재물을 모두 가지고 이집트로 들어갔다. 야곱의 나이 백삼십 세였고 이때 그를 따라간 직계자손들은 며느리들을 빼고 육십육 명이었다.

야곱은 유다를 미리 요셉에게 보내고는 일행과 함께 고센 땅에 이르렀다. 유다로부터 아버지가 오고있다는 소식을 듣자마자 요셉은 마차를 몰아 고센으로 올라가 아버지 야곱을 만났다. 그들은 반가움에 목을 얼싸안고 울며 오랜 세월의 슬픔과 회포를 풀어내었다. 요셉이 아버지와 형제들에게 일렀다.

"이제 파라오를 만나게 되실텐데 생업이 무어냐고 물으시면 선조대대로 가축을 치는 목자들이라고 하십시오. 그래야 고센 땅에서 살 수 있습니다. 이집트 사람들은 도대체 목자라면 꺼

려서 가까이 하지도 않습니다."

영리한 요셉은 자기 형제들이 단지 가축을 치는 목자에 지나지 않음을, 정치적 야심도 능력도 없는 사람들임을 강조하여 파라오로 하여금 경계심을 갖지 않도록 하려는 것이었다.

파라오를 알현하게 된 형제들은 요셉이 일러준 대로 말하며 가나안 땅에 기근이 심하여 소떼가 먹이를 구할 풀밭이 없으니 고센땅에 머물러 살게 해달라고 청하였다. 파라오는 물론 쾌히 응락하였다.

요셉은 아버지와 형제들에게 살 자리를 잡아주고, 파라오의 분부대로 이집트땅에서 가장 좋은 곳인 라메세스 지방을 그들의 소유지로 떼어주었다. 그리고 아버지와 형제와 온 가문에 속한 식구의 수대로 양식을 대어주었다.

야곱의
유언과 축복

　야곱은 이집트 땅에서 17년을 살았다. 자손들이 많이 불어났고 생활도 풍요로웠으나 늘 두고 온 옛고향이 그리웠다. 죽을 날이 가까워옴을 안 야곱은 아들 요셉을 불러 당부했다.

　"네가 정말 나를 기쁘게 해줄 마음이 있거든 네 신의를 성실하게 지켜 나를 이집트 땅이 아닌, 내 조상들이 묻힌 자리에 함께 묻어주겠다고 네 손을 내 사타구니에 넣고 맹세해다오."

　요셉이 맹세를 하자 야곱은 침상 머리맡에 엎드려 하느님께 감사의 기도를 드렸다.

얼마 후 아버지가 아프다는 말을 전해 들은 요셉은 이집트 땅에서 혼인하여 얻은 두 아들 므나쎄와 에프라임을 데리고 문병을 갔다. 야곱은 기력을 가다듬고 침상에 일어나 앉았다.

"이리로 가까이 오게 하여라. 내가 그 아이들에게 복을 빌어 주겠다. 그보다 먼저 내가 이집트로 오기 전에 이집트에서 땅에서 태어난 네 두 아들 에프라임과 무나쎄는 이제 르우벤이나 시메온처럼 내 아들로 삼겠다. 이 아이들 다음으로 낳는 네 아들들이 비로소 너의 자식이 되는 것이다."

야곱은 이집트 여인에게서 태어난, 자신의 손자들인 에프라임과 므나쎄를 양자로 삼음으로써 그들에게 완벽한 족장의 신분을 부여해주었다. 그렇게 하는 것이 많은 자손과 땅의 소유를 약속하신 하느님의 뜻을 수행하는 것이라 믿었던 것이다.

야곱은 나이가 많아 앞을 못 보는 처지였다. 축복을 주려는 것임을 안 요셉은 맏이인 므나쎄를 야곱의 오른쪽에, 아우인 에프라임은 왼쪽에 세웠다. 당연히 큰아들인 므나쎄가 축복의 우선권을 갖게 하기 위해서였다.

야곱은 그들에게 입을 맞추며 끌어안았다. 그리고 손을 엇갈리게 하여 오른손은 아우인 에프라임의 머리에, 왼손은 므나쎄의 머리에 얹고 축복했다.

"나의 조상 아브라함과 이사악이 살아가는 것을 지켜보아주신 하느님, 태어날 때부터 이날까지 나의 목자가 되어주신 하느님, 온갖 어려움에서 나를 건져내준 하느님, 이 아이들에게 복을 내려주십시오. 나의 이름과 조상들의 이름 아브라함과 이사악이 이 아이들에게 살아있기를. 이 세상 한복판에서 왕성하게 불어나기를 빕니다."

요셉은 이를 못마땅하게 여겨 아버지에게 아뢰었다.

"아버지, 오른손을 맏이 므나쎄의 머리에 얹으셔야 합니다."

그러나 야곱은 손을 바꾸지 않았다.

"아들아, 내가 그것을 왜 모르겠느냐. 이 아이도 물론 한 족속을 이룬다. 그러나 아우가 형보다 더 커져 그의 후손은 숱한 민족을 이룰 것이다. 나는 이제 죽겠지만 하느님께서 너희를 보살펴주시어 조상의 땅으로 다시 돌아가게 해주실 것이다. 내 칼과 활로 아모리 사람 손에서 빼앗은 스켐 하나만은 네 형제들에게 주지 않고 네게 준다."

그 후 야곱은 유언을 남기려고 아들들을 불러모았다. 맏이인 르우벤으로부터 막내 벤야민에 이르기까지 12명의 아들들이 모두 모이자 그들 한 사람 한 사람이 이룰 각 지파의 운명을 예언하고 알맞은 복을 빌어주며 분부하였다.

"나는 이제 세상을 떠나게 되었다. 나를 히타이트 사람 에프론의 밭에 있는 막펠라굴, 내 선조들 옆에 묻어 다오. 거기에는 아브라함과 사라 두 분과 이사악과 레베카 두 분이 묻혀있고 나도 레아를 거기에 묻었다."

147세의 나이로 야곱이 숨을 거두자 요셉은 아버지의 얼굴에 엎드려 울며 입을 맞추었다. 야곱의 시신은 40일 동안에 걸쳐 미이라로 만들었다. 이집트인들은 그들의 관습에 따라 70일 동안 곡을 하며 야곱의 죽음을 애도하였다.

요셉이 파라오에게 사람을 보내어 아버지의 유언대로 가나안에 장사지내게 해줄 것을 청하자 파라오는 쾌히 응낙할 뿐 아니라 이집트 최고고관인 요셉의 지위에 걸맞게 예우를 다하도록 일렀다.

그들은 요르단 강 건너편에 있는 아탓의 타작마당에 이르러 성대하고 장중하게 장례식을 올렸다. 야곱 가문의 사람들은 물론 파라오의 모든 신하와 장로들과 수많은 이집트인이 기나긴 행렬을 이루었다. 요셉은 아버지를 생각하며 이스라엘의 관습으로 7일 동안 곡하였다.

장례식은 무사히 잘 치렀지만 요셉의 형들은 새삼 심한 두려움에 휩싸였다. 이제 아버지도 돌아가신 터, 요셉이 옛날 그들로부터 당한 고통에 앙갚음할 차례라고 생각했던 것이다.

그들은 요셉 앞으로 나아가 전날의 잘못에 대한 용서를 간절히 구하며 빌었다.

"아버지는 우리에게, 악행을 저지른 우리를 용서하라는 아버지의 말씀을 너에게 전하라는 마지막 유언을 남기셨다. 정히 용서할 수 없다면 우리를 종으로 삼아다오."

요셉은 이 말을 듣고, 살아 생전 내내 자식들의 불화와 보복에 대한 불안과 걱정에서 헤어나지 못했을 아버지의 마음을 생각하며 울었다.

"형들은 분명 나에게 못할 짓을 했습니다. 그러나 하느님께서는 도리어 그것을 좋게 꾸미시어 오늘날 이렇게 뭇 백성을 살리시지 않았습니까? 두려워하지 마십시오. 제가 형들과 형들의 어린 것들을 돌봐드리겠습니다."

이렇게 위로하는 요셉의 말에 형제들은 죄책감과 뉘우침으로 가슴이 터지는 듯하였다.

그 후로도 요셉은 파라오를 위한 공적을 많이 쌓았고 관대하게 선행을 베풀어 사람들의 칭송을 받으며 잘 살았다.

죽을 때가 가까워오자 그는 일가 사람들에게 말하였다.

"나는 이제 죽겠지만 하느님께서는 장차 여러분을 이 땅에서 이끌어내시고 아브라함과 이사악, 야곱에게 주시마고 약속하신 땅으로 인도하실 것입니다. 그때 너희는 너희와 함께 내 뼈를 그곳으로 옮겨 가십시오."

요셉이 백십 세에 죽자 사람들은 그를 미이라로 만들어 이집트 땅에서 장사지냈다.

기도가 채 끝나기도 전에 한 어여쁜 처녀가 어깨에 항아리를 메고
샘가에 나타나 물을 길었다. 그가 처녀에게 마실 물을 청하자
그 처녀는 기꺼이 항아리를 내려 받쳐들고 마시게 해주었다.
뿐만 아니라 다시 물을 길어 낙타들도 실컷 마시게 해주었다.

늙고 충직한 종은 자기가 띠고 온 사명과 기도를 하느님께서
뜻대로 이루어주시는지 알아보려고 그 모양을 가만히 지켜보았지만
마음은 이루 말할 수 없이 기뻤다.